DE

# L'ANCIENNE CHEVALERIE,

## DE LORRAINE

# BIBLIOTHÈQUE HÉRALDIQUE

DE

# L'ANCIENNE CHEVALERIE

## DE LORRAINE.

*DOCUMENTS INÉDITS*

Publiés par

M. VICTOR BOUTON

Peintre héraldique et Paléographe

PARIS

CHEZ L'AUTEUR

21, rue de Paris-Belleville

1861

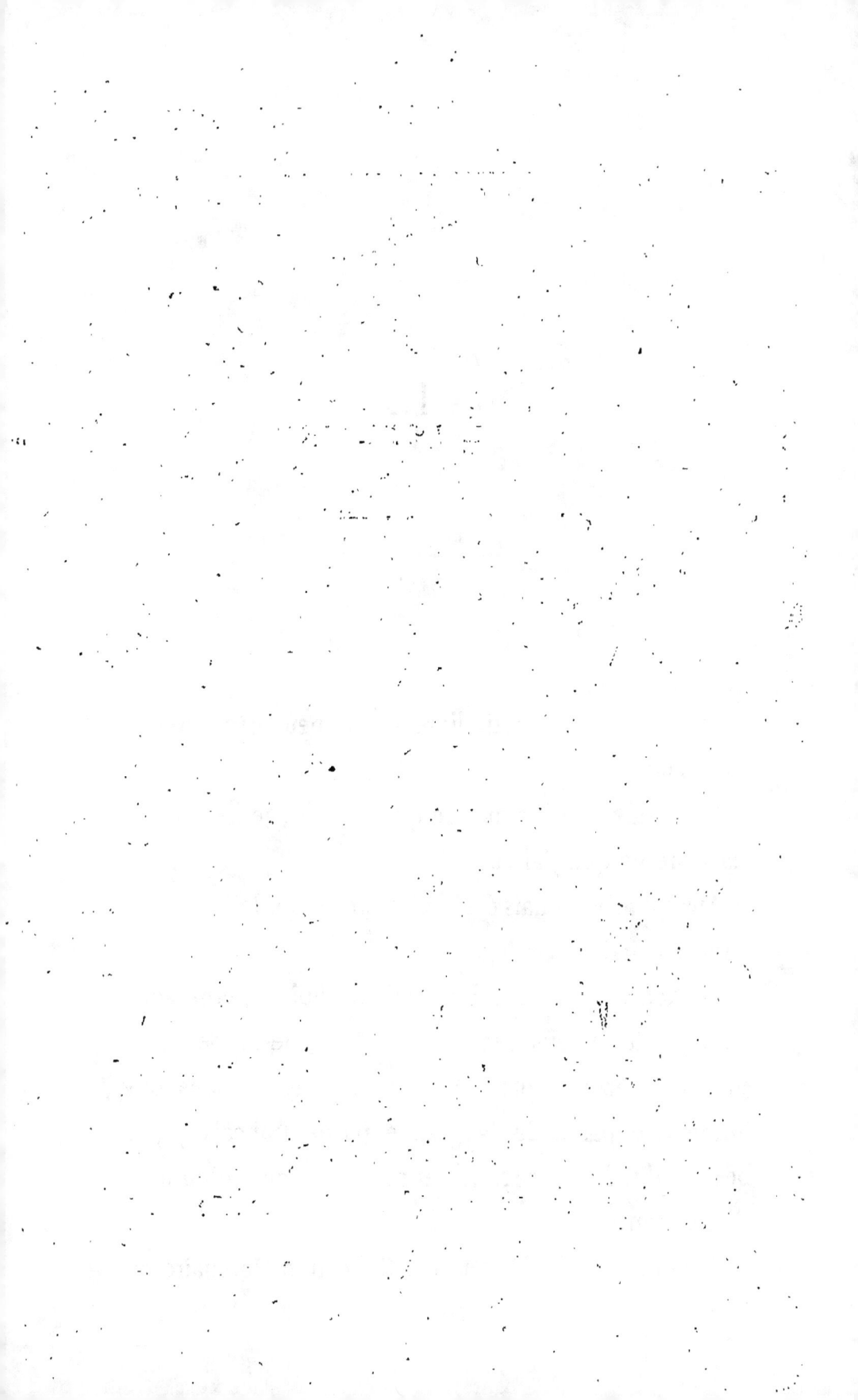

# AVIS

—

L'auteur de ce petit livre est à peu près comme saint Thomas.

Je ne sais en effet que ce que je vois, je ne dis jamais que ce que j'ai vu.

Aussi n'ai-je jamais été taxé d'inexactitude, et ne le serai-je jamais.

En demandant au public aujourd'hui la permission de reproduire sous ses yeux l'image, le drapeau, le souvenir parvenu jusqu'à nous des générations qui forment le passé de la grande patrie française, j'ai besoin d'indulgence, et je ne demande qu'un peu d'attention.

Mon but est de former une Collection Nobiliaire ou

plutôt Héraldique. Je suis peintre et graveur ; et ce n'est pas seulement une table de personnages ou de familles, mais une collection de Gravures, d'Armoiries, recueillies partout dans les Bibliothèques et dans les Musées, dans les Églises et sur les Tombes, dont je veux former un répertoire complet.

N'est-il pas nécessaire en effet de mettre dans toutes les mains des gens lettrés les sources de l'Art héraldique ? Pour que la loi de 1858 sur les titres nobiliaires puisse être appliquée avéc conscience et clairvoyance, ne faut-il pas que le moindre Notaire possède au fond de son canton le Père Sylvestre, Palliot, du Buisson, et les divers Armoriaux des Provinces, réimprimés avec leurs figures et leurs Armoiries, à un prix modique ?

Mais pour qu'un tel projet soit possible il faut que ces réimpressions ne soient pas altérées ; il faut que ces volumes rares gardent leur caractère d'authenticité dans leur nouvelle enveloppe, et qu'un seul mot ne soit pas changé.

Outre les ouvrages dont nous parlons, il en est d'autres qui font autorité et qui sont inédits : d'Hozier par exemple, et les recensements officiels qui ont été faits à la fin du 17e siècle et n'ont pas été publiés. Nous voulons les reproduire et les citer, parce que

chacun peut les vérifier. Notre Collection peut s'enrichir
de Mémoires inédits, de Généalogies authentiques. et
nous avons voulu montrer ce que nous voulions publier en ce genre en  empruntant à la fameuse collection de Lorraine que possède la Bibliothèque impériale
de France quelques fragments suivis d'armoiries.

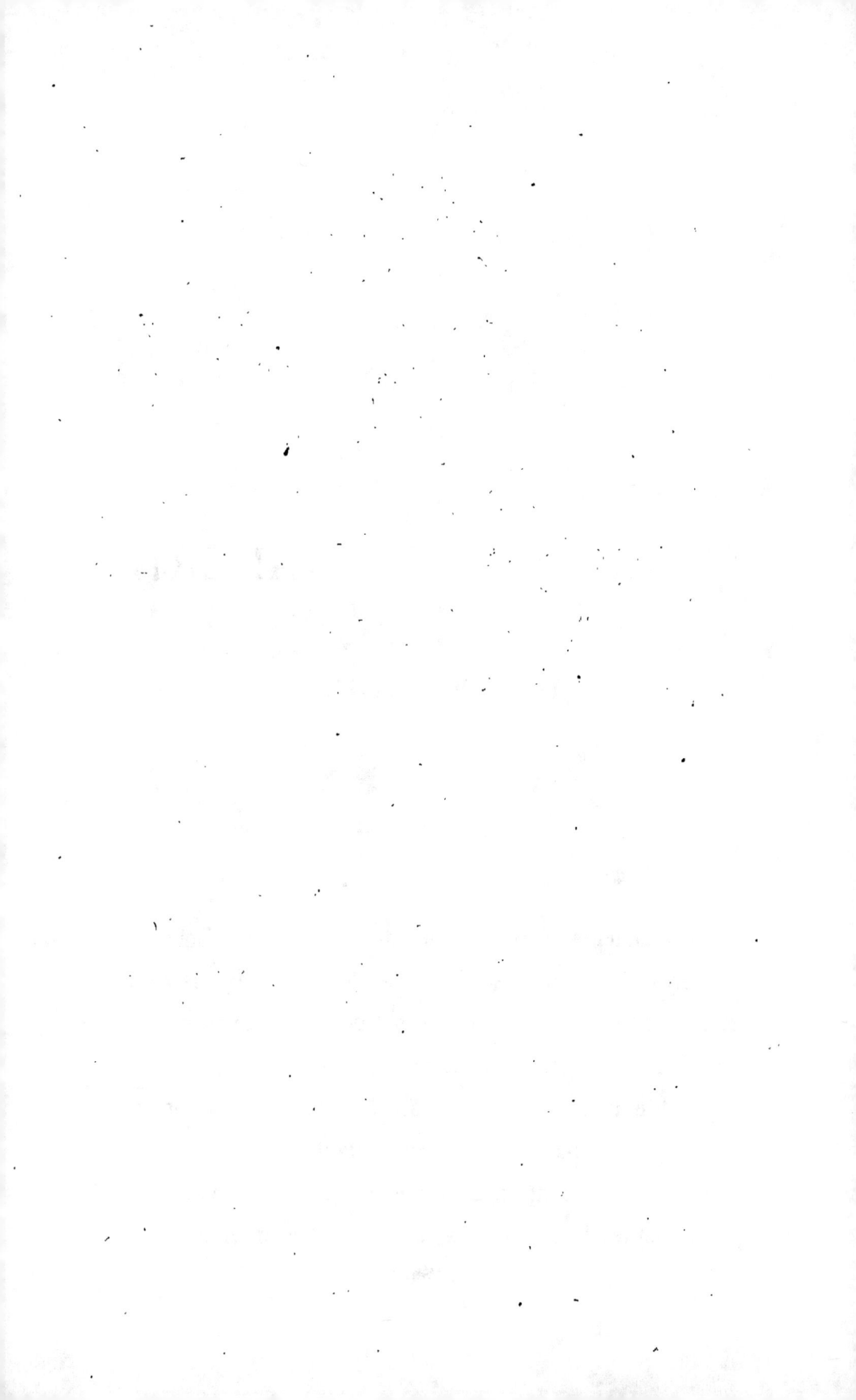

# AVANT-PROPOS

## DE

# L'ANCIENNE CHEVALERIE

## DE LORRAINE.

* *

Les documents relatifs à l'Ancienne Chevalerie de Lorraine sont rares. C'est sur le sol lorrain qu'ont lutté depuis mille ans les peuples divers dont la nationalité s'opposait à la formation de la grande nationalité française.

Quand le monde Romain pesait à la Gaule, les premiers conquérants qui passèrent le Rhin s'établirent dans les terres qui depuis furent la Lorraine, et leurs descendants se sont perpétués là mieux qu'en aucune autre province limi-

I.

trophe, en vertu d'une organisation particulière que nous allons rappeler.

Sous les Carolingiens et les Capétiens, ces premiers conquérants restèrent seuls maîtres des terres envahies. C'était leur bouclier qui élevait les Rois, et les Rois, à chaque élévation, les confirmaient simplement dans leur possession et leur autorité. Ils s'implantèrent dans le sol. Charlemagne et ses successeurs restèrent Ducs de Lotharingie ou de Lorraine, et malgré le partage de l'Empire, le droit de suzeraineté, inhérent au caractère de ces premiers Chefs, resta au fond des consciences, parce qu'il n'y a pas de droit contre le droit. Les Francs en mettant le pied sur la Gaule ont donné et conservé, de Pharamond à Louis XIV, leur nom à ce territoire, et, pendant mille ans, à travers Louis XI et Louis XIII, la Lorraine, cette première terre française, dut être et fut un objet incessant de revendication pour la Monarchie : la Lorraine, c'est la Belgique ou le Lothier, le Brabant, le Luxembourg, l'Alsace, la Bourgogne, la Provence, puisque le royaume de Lorraine constitué aux fils de Charlemagne comprenait ces pays divers, rentrés neuf siècles plus tard dans l'unité de la Patrie.

*
* *

Nous ne rappellerons pas l'histoire particulière de la Lorraine. Ce n'est pas de notre temps. En donnant à la Noblesse de la Lorraine un peu de relief, nous ne faisons qu'obéir à l'histoire générale de la France.

Nous ne referons pas non plus l'histoire : il ne s'agit pas de connaître les subtilités diplomatiques et les prétextes de famille qu'ont mis en avant Louis XIII et Louis XIV pour revendiquer leur droit de suzeraineté sur la Lorraine, et si leur invasion et leur conquête ont été légitimes. Ils ont constitué l'unité française, et ils en avaient le droit envers la Lorraine, puisqu'elle est, nous le répétons, la première terre des Francs : c'est là qu'ils mirent le pied en passant le Rhin.

La grandeur du nom Lorrain rappelle les Guises, c'est vrai : les Princes Lorrains ont formé une Famille Souveraine au-dessus des Familles Souveraines de la Bretagne et de la Normandie. Ils ont étouffé leurs rivaux de Bourgogne, en assommant Charles le Téméraire dans les fossés de Nancy par la main d'un Italien. Le Bourguignon voulait absorber la Lorraine et se tailler un nouveau royaume d'Austrasie, opposer une barrière à la France en constituant le long du Rhin et des Alpes, d'Anvers à Nice, un royaume qui empê-

chât la grande unité française de se former. La Chevalerie
Lorraine écrasa le Bourguignon qui s'était mis en tête de
l'anéantir, et qui ne réussit qu'à brûler ses châteaux et à
détruire ses parchemins !

Les Bourguignons, les Flamands, les Français, les Espagnols, les Suédois, les Allemands, les peuples partis des
quatre points de l'horizon, vinrent là lutter successivement :
la Lorraine résista contre tous et fut encore la dernière à
fondre sa Nationalité particulière dans la grande Nationalité, parce que sa Noblesse était tellement constituée, tellement enracinée, qu'il a fallu presque la chasser avec ses
Ducs et raser ses foyers pour en venir à bout.

Quand on parle de la Noblesse Lorraine, on ne la connaît pas. Elle semble petite. Un jour, Charles IV, un de
ses ducs même qui voulut lutter contre elle, s'avisa de
rendre un édit pour détruire les titres et jusqu'aux généalogies de ces Hauts Hommes. Ce Duc, précurseur de
Louis XIV, tremblait de reconnaître dans de simples barons les descendants de la race Franque. — Un autre duc,
Stanislas, le roi de Pologne, s'appliqua à faire disparaître
les derniers vestiges de cette grandeur ; il démolit et rasa
tout ce qui rappelait les princes lorrains et l'ancienne chevalerie ; il se fit bâtir un palais dans le style de son beau-
père Louis XV, à la place d'une tour dans laquelle serpen-
tait un escalier dont les quatre Grands Chevaux de Lorraine pouvaient monter les degrés à cheval et de front, armés de pied en cap.

*
* *

La noblesse des autres provinces se distingue par des Titres et des faveurs princières. On cite les ducs de Créqui, les ducs de Rohan, les ducs de Montmorency, les ducs de Luynes. On connaît peu les Lenoncourt, les Du Châtelet les Haraucourt, les Ligneville. — Les Guises ont voulu s'asseoir sur le trône de France; la jalousie ne leur a rien pardonné : ils étaient catholiques, et les passions politiques se sont coalisées contre leur mémoire. On les a assassinés l'un après l'autre, et l'histoire les a presque accusés de la Saint-Barthélemy. Mais les Guises appartiennent plutôt à l'histoire générale de la France, et nous n'avons point à nous occuper d'eux.

Les grandes Familles Lorraines, dont le nom est à peine connu aujourd'hui, méritent mieux. C'est cette Noblesse qui la première se serra autour de Godefroy de Bouillon, son Duc, pour les Croisades. Les Bannières de ceux qui ont été Ducs d'Athènes et Barons des lieux qui furent la Grèce sont des Armoiries oubliées de nos jours. Ce sont de simples Nobles Lorrains qui menèrent Jeanne d'Arc à Charles VII. Ces souvenirs peuplent le fond de notre Histoire de

France, avec autant d'avantage que celle des autres provinces, comme on le voit.

On remarquera, par les documents que nous publions, que la Noblesse Lorraine se divisait en cinq classes. D'abord, les Anoblis, — les Nobles qui avaient moins de quatre Races, — les Nobles de quatre Races, — les Gentilshommes, — les Anciens Chevaliers, — enfin les Hauts-Hommes, parmi ceux de l'Ancienne Chevalerie.

C'est particulièrement de ces derniers que nous nous occupons dans cet opuscule qui servira de préface, pour ainsi dire, aux divers Recueils que nous nous proposons de publier sur l'Ancienne Chevalerie et la Noblesse de Lorraine. — Nous ne voulons donc pas nier, en commençant par ces fragments inédits, les droits de familles connues pour appartenir à l'Ancienne Chevalerie ; et, nous le répétons, nous ferons suivre la présente publication de la réimpression de quelques ouvrages rares et recherchés, si le public éclairé veut bien encourager cet essai.

*
* *

Ce qu'on appelle *Ancienne Chevalerie* de Lorraine ne comprend donc pas toute la Chevalerie, c'est-à-dire tous ceux qui possédaient le titre de Chevalier ou d'Écuyer, par Lettres patentes, par faveur, ou par accolade.

L'Ancienne Chevalerie était une Race pour ainsi dire à part. C'étaient les descendants des premiers Francs, des vainqueurs, des envahisseurs de la Gaule. Ils puisaient leur origine dans la conquête. C'était la Race Franque elle-même implantée dans le sol, ayant ses Droits politiques et civils fondés le jour où elle s'était assise là : elle commandait et jugeait. — L'autre Chevalerie, acquise par la faveur du prince, ne doit pas être confondue avec elle.

L'Ancienne Chevalerie de Lorraine ne diffère ainsi presqu'en rien des premiers rois francs : le Roi, le Duc, le conducteur, n'étaient que leur Chef pour la conduite et la défense commune. Ils étaient tous Pairs, c'est-à-dire Égaux, *parites*. C'est de concert avec eux qu'ils faisaient la paix ou déclaraient la guerre, qu'ils rendaient la justice et réglaient toutes les affaires de l'État et des particuliers. Cela dura douze cents ans.

Cette Ancienne Chevalerie, jusqu'au siècle dernier, forma ainsi une espèce de faisceau ; et pour conserver ses priviléges intacts, autant que pour se défendre de l'empiétement des Ducs devenus héréditaires et de la convoitise des Rois de France qui jetaient sans cesse les yeux vers le Rhin, elle dut se perpétuer d'abord entre elle sans mésalliance. Plus tard, elle admit à participer à ses priviléges et à faire partie d'elle-même de grandes familles voisines descendant par les femmes de l'Ancienne Chevalerie. C'est de ces circonstances qu'est née alors la distinction de *Grands Chevaux* de Lorraine pour les quatre maisons qui seules restèrent jusqu'au XVIIIᵉ siècle pures de toute alliance étrangère : celles de Du Chastelet, de Ligneville, de Haraucourt et de Lenoncourt.

*
\* \*

Pour bien connaître cette Ancienne Chevalerie, il faut nécessairement la prendre au moment où la Lorraine cessa de s'appartenir à elle-même et fut réunie à la France, de Louis XIII à Louis XIV. Les documents que nous publions sont de l'époque où succomba cette fière et indépendante province; ils font partie d'un *Mémoire* qui fut écrit pour soutenir les Droits imprescriptibles et inaliénables de Suzeraineté des Rois de France et légitimer leur conquête. On y sent même un peu d'aigreur.

C'est sans doute quelque Procureur au Parlement qui écrivit ces pages; je dirais presque que c'est un ennemi. On y remarquera des expressions qui ne doivent point passer inaperçues. Ainsi, parlant de quelque noble qui ne voulut point s'abaisser devant M. de Créqui, sans doute, et partagea l'exil de ses princes, on trouve ces mots : « Il est passé à l'ennemi. » Ailleurs, l'auteur semble trahir sa joie à propos des villes fortes : « C'est, dit-il avec un air de malice, une bonne place au Roi dans ce pays-là. »

La Noblesse lorraine aimait profondément son pays. Elle s'était aussi attachée à ses princes devenus malheureux, et, quand ils durent subir le sort des vaincus, beaucoup les suivirent en Italie et en Allemagne. Ils ont montré que ce n'était pas par hostilité envers la grande patrie, mais par affection personnelle et dévouement à la mauvaise fortune. C'est par tradition et par souvenir que plusieurs d'entre eux possèdent encore des terres et des relations en Hongrie et à Vienne, où la Maison de Lorraine a gardé son nom jusque sous la couronne des Empereurs d'Allemagne. Le marquis de Pimodan, de la Famille des Rarecourt de la Vallée, en est un exemple contemporain.

Cette fidélité pour ses princes n'était pas exclusive à la Noblesse, et l'histoire rapporte une anecdote qui donne la mesure du dévouement des Lorrains en général pour leurs Ducs.

C'était en 1633. « Louis XIII ayant pris Nanci, envoya chercher le célèbre Jacques Calot, et lui ordonna de lever le plan du siége de cette ville. Ce graveur répondit qu'ayant l'honneur d'être Lorrain, il se couperait plutôt le poing que de travailler contre son prince. Quelques courtisans représentèrent qu'il fallait punir cette hardiesse; le roi se contenta de leur dire : « Le duc de Lorraine est « bien heureux d'avoir des sujets si fidèles. »

Quoique l'Autriche ait eu jusque dans ces derniers temps des représentants de la vieille race Lorraine dans ses armées, comme Fiquelmont, de Pimodan, Gondrecourt, La Tour, Gerbeviller, Du Houx de Dombasle, jamais, il faut le dire, ces porteurs d'épée n'ont servi contre la France. On peut

dire même que l'esprit Lorrain, esprit guerrier, vif et fier, rend
ce pays le boulevard de notre nationalité. Là, tout homme
naît soldat, et la levée en masse s'est faite au jour du péril
avec un ensemble et une promptitude qui devancèrent tout :
c'est elle qui apporta à la défense son premier homme et
son premier écu. Nulle province ne renferme autant d'offi-
ciers supérieurs, et c'est dans les gorges de ses montagnes,
au milieu de ses partisans, que Napoléon I$^{er}$ voulut un in-
stant se jeter pour ressaisir l'indépendance de la patrie et
balayer l'Invasion.

Mais à quoi bon rappeler des faits contemporains? Ne se
souvient-on pas qu'un descendant des Hauts-Barons, un
des quatre Grands Chevaux de Lorraine, un Lignéville,
mourut en Crimée pour l'honneur du Drapeau français?

# DE L'ÉTAT

# DE LA LORRAINE

## AU COMMENCEMENT DU SIÈCLE DERNIER

*(Cette pièce et les suivantes sont tirées de la Collection de Lorraine, à la Bibliothèque impériale.)*

———

Lothaire, un des fils de Louis le Débonnaire, ayant eu dans son partage, entre autres Terres, les Païs situés entre les Roiaumes de France et de Germanie, cela fut appelé, à cause de ce prince, le Roiaume de Lothaire, *Lotharij Regnum*, en vieux Français, *Lothaire règne*, et, par succession de temps, Loherregne, Lorregne, Lorrene et Loraine.

Ce royaume fut depuis partagé en deux différents Roiaumes qui sont les roiaumes de Lorraine et le Roiaume d'Arles ou de Provence, et on ne donna plus depuis le nom de Lorraine qu'aux Païs qui composaiént ce dernier Roiaume de Lorraine.

Le roiaume de Lorraine fut partagé en deux Duchez, le

2.

Duché de la Haute-Lorraine et le Duché de la Basse-Lorraine. Le premier a porté quelquefois le nom de Mosellane, à cause de la rivière de Moselle qui l'arrose; et pour l'autre, on l'a depuis appelé et on l'appelle actuellement le duché de Lothier. Il ne s'agit ici que du Duché de la Haute-Lorraine ou de Mosellane. C'est ce que l'on appelle aujourd'hui absolument la Lorraine.

L'an 1048, Gerard Ier fut fait Duc de Lorraine, et tous les princes qui portent aujourd'hui le nom de Lorraine descendent de ce prince. Il possédait en propre quelques Terres et Seigneuries, mais il avait autorité d'ailleurs sur un grand nombre de Seigneurs voisins. Ces terres propres et ces domaines de Gerard et de ses successeurs ont été appeléz le Duché de Lorraine ; car il ne faut pas croire que tout ce qui passe aujourd'hui sous le nom de Lorraine ait été anciennement ni même jamais possédé par les Ducs.

Il y avait les trois évêchez : Metz, Toul et Verdun ;

Plusieurs Abbayes d'hommes, entre autres l'Abbaye de Gorze ;

Plusieurs Abbayes de femmes, comme Epinal, Remiremont, Boussières et Coussey ;

Plusieurs Comtés, entre autres les Comtés de Metz, de Toul, de Verdun, de Bar, de Clermont, d'Apremont, de Monçon, de Vaudemont, de Salme, de Blamont, de Sarbruck, de Morhange et de Crehange ;

Plusieurs Seigneuries, comme Stenay et Commercy.

*
* *

Les trois Évêchez relevoient immédiatement de l'Empire ;
Les Évêques avoient séance et voix délibérative aux Diètes
impériales, et avoient la qualité de Princes de l'Empire. Cela
a duré jusqu'à l'an 1552 que le roi Henri II se rendit maître
des villes et Évêchez de Metz, Toul et Verdun, qui se sou-
mirent à la souveraineté de ce Prince et des Rois ses succes-
cesseurs, et tout cela fut abandonné à la France par la paix
de Vestphalie, l'an 1648.

Les Abbayes d'hommes et de femmes dépendoient aussi
de l'Empire : mais elles reconnoissoient les Ducs de Lorraine, à cause du droit de protection qu'ils en avoient.

Les Comtéz de Metz, Toul et Verdun, furent donnéz aux
Évêques de ces mêmes villes.

Le Comté de Bar a été depuis érigé en Duché par Jean,
roi de France, l'an 1356.

Le Comté de Clermont en Argone et la Seigneurie de
Stenai furent vendus aux Comtes de Bar par les Évêques
de Verdun qui en jouissoient par le bienfait des Empereurs.
Cela appartient aujourd'hui à M. le Prince sous le nom de
Clermontois ou de Comté de Clermont.

Apremont, Sarbruck, Morhange et Créhange ont encore leurs Comtes particuliers.

Le Comté de Monçon passa aux Comtes et Ducs de Bar, et il a été érigé en Marquisat en leur faveur sous le titre de Marquisat du Pont à Mousson.

Gerard, un des fils de Gerard I, Duc de Lorraine, fut créé Comte de Vaudemont, et, sa postérité masculine s'étant éteinte l'an 1329, ce Comté passa dans la maison de Joinville. Il rentra depuis dans la maison de Lorraine par le mariage de Ferry de Lorraine avec Marguerite de Joinville.

Salme a eu longtemps ses Comtes particuliers. Une partie de ce comté a passé aux Ducs de Lorraine; le surplus est resté aux Comtes de Salme et fut érigé en Principauté par l'Empereur Ferdinand II, l'an 1628.

Olri, Comte de Blamont, légua par testament son Comté aux Ducs de Lorraine, l'an 1498.

La Terre de Commercy a été partagée en deux : la part de l'aîné est au Comte de Commercy de la maison des Armoises ; celle du cadet, que l'on nomme la part du Damoiseau, a été possédée par la maison de Gondi. Le Cardinal de Retz, le dernier de cette maison, la vendit au vieux Duc de Lorraine, qui l'a donnée à madame de Lillebonne, sa fille.

Les États du Duc de Lorraine sont partagez en deux principaux membres qui sont le Duché de Lorraine et le Duché de Bar.

Le Duché de Lorraine comprend trois Bailliages qui sont : le Bailliage François, que l'on appelle plus communé-

ment le Bailliage de Nancy, le Bailliage Alleman et le Bail-
lage de Vosge.

Dans le Bailliage François, qui est ainsi nommé parce
qu'on y parle François, il faut remarquer la ville de Nancy,
Capitale de tout l'État et où les Ducs de Lorraine font
leur résidence ordinaire. Le Doyen de son Chapitre porte le
titre de Primat, et l'Abbaye de Gorze est unie à cette di-
gnité. Cette ville sert de siége au Parlement de Lorraine et
de Barrois, qui n'est plus aujourd'hui qu'un seul Parlement.
Saint Nicolas est un très beau bourg, bien connu pour son
église, où l'on conserve les reliques du Saint. Rosières, que
l'on appelle communément Rosières-aux-Salines, à cause
de la quantité de sel qui s'y fait ; ce sel est produit dans tous
ces quartiers-là par des puits d'eau salée. Lunéville est une
assez jolie ville où la Cour de Lorraine va quelquefois.

Dans le Bailliage Alleman, que l'on nomme ainsi parce
qu'il s'y parle alleman, on peut remarquer les villes de Sirck,
de Sargomine, de Saralbe et de Sarverde. Dieuze est connu
pour le sel qui s'y fait comme à Rozières. Sarlouïs est une
bonne place au Roi dans ce pays-là.

Dans le Bailliage de Vosge, qui est plein de montagnes
et de bois, on doit remarquer la ville de Mircourt, qui en
est le chef-lieu. Charmes est une petite ville. Remiremont,
Chaté, Épinal, et le Comté de Vaudemont, sont enclavés
dans ce bailliage.

*
* *

Le Duché de Bar, que l'on appelle plus communément le Barrois, est aussi partagé en trois Bailliages, qui sont le Bailliage de Bar, le Bailliage de Saint-Mihiel, et le Bailliage de Bassigny. On divise quelquefois le Barrois en Barrois mouvant et en Barrois non-mouvant. Le Barrois mouvant consiste aux Bailliages de Bar et de Bassigny. Le Barrois non-mouvant, que l'on appelle communément, dans le païs, les Terres de la Souveraineté, consiste principalement au Bailliage de Saint-Mihiel.

Dans le Bailliage de Bar, il faut remarquer la ville de Bar le Duc. Ligny, beau Comté à messieurs de Luxembourg. Ancerville, première Baronie et Pairie du Duché de Bar. On appelle des Bailliages de Bar et de Bassigny au Presidial de Chalons, et de là au Parlement de Paris.

Dans le Bailliage de Saint-Mihiel, on peut remarquer la ville de Saint-Mihiel, qui en est le chef-lieu et qui lui donne son nom. Elle est sur la Meuse, et il y a une trés ancienne Abbaye. C'étoit dans cette ville que redisoit le Parlement du Barrois, qui a été transféré à Nancy et uni au Parlement de Lorraine par le duc Léopold I, qui règne aujourd'hui. Le Pont à Mousson est une jolie ville, avec université. Longwy est une bonne place au Roi dans ce pais-là. Arancy et Marville sont des Terres moitié dans le Duché de Bar, et moitié dans le Duché de Luxembourg.

Dans le Bailliage de Bassigny est la ville de Gondre-court, qui en est le chef-lieu; mais c'est peu de chose. Don-remy, que l'on surnomme communement Donremy-la-Pu-celle, est la patrie de la Pucelle d'Orléans. La Motte a fait autrefois bien du bruit. C'étoit une place très forte, sur un rocher; mais elle a été démolie sous le feu roi Louis XIII.

et qui sont anciennes et considérables, sont aussi censées
de l'Ancienne Chevalerie.


Ces familles sont :


STAINVILLE, dont il y a plusieurs branches. Le Comte
de Couvonges, fameux par le testament de mademoiselle de
Guize, qui l'avait choisy pour être son fidei-commissaire, en
est ; c'est un parfait honnête homme, ses père et grands
pères ont toujours possédé des charges considérables à la
Cour de Lorraine.

La Terre de Stainville en Barrois a passé par le mariage
d'une héritière de cette maison dans celle de Salm de la maison de Lorraine, dont les créanciers l'ont vendue au sieur
Morel, Maître de la Chambre aux deniers. Cette maison
possédoit encore la terre de Couvonges en Barrois et autres. Feu M. de Couvonges, Lieutenant-Général des Armées du Roy, tué au siége de Lerida, était frère aîné de
celuy-cy.


LUDRE, originaire du comtez de Bourgogne, et qui prétend même descendre des anciens Comtes de Bourgogne, a
aussi possédez depuis longtemps des charges à la Cour de
Lorraine ; cette Maison possède les Terres de Ludre et de
Richardmesnil. Madame de Ludre, autrefois une des filles
d'honneur de la Reine, et ensuite de Madame, est de cette
maison ; il ne reste de masle que son neveu, âgé de dix-

huit à vingt ans et non encore marié, et un Commandeur de Malthe, oncle de madame de Ludre, et grand oncle du jeune.

TORNIEL, originaire d'Italie, du duchez de Milan, et qui descend des anciens Seigneurs de Navarre : le grand père est le premier qui s'est étably en Lorraine. Il épousa l'héritière du Chastelet de Villy, qui possédait le Marquisat de Gerbeviller, et plusieurs autres terres. Ce grand père, que l'on appeloit Comte de Torniel, fut Grand Maître d'Hostel, et chef des Finances, c'est-à-dire Surintendant du Duc Henry; son fils, qu'on appeloit Comte de Brionne, à cause des terres que cette famille a encore dans le Navarrois, a été grand Chambellan, et les deux enfans de celuy-cy, l'un appelé le Marquis de Gerbeviller, mort depuis peu, et l'autre Comte de Torniel, ont été, l'un gouverneur de Nancy, et l'autre capitaine des gardes du Duc Charles de Lorraine.

BEAUVEAU, originaire de la Province d'Anjou, venû en Lorraine avec les princes de la Maison d'Anjou, pendant qu'ils possédoient cet Etat par le mariage de René d'Anjou, Roy de Naples et de Sicile, avec Isabelle, Duchesse de Lorraine, fait en 1420. Cette maison a l'honneur d'avoir donné à la Maison Royalle de Bourbon-Vendosme Isabelle de Beauveau, Dame de Champigny et de la Roche sur Yon, cinquième ayeule du Roy Louis XIV. Les branches qui subsistent en Lorraine y ont possédé des terres considérables, et en possèdent encore, sçavoir : le Marquisat de Noviant, Fleville, et autres ; elles ont aussy possédé les principales charges des Ducs de Lorraine. Il ne reste de la maison de Beauveau-Noviant que madame la Comtesse de Viange qui n'a point d'enfans ; de celle de Beauveau-Fleville, reste le Marquis de Beauveau, fils de celuy qui a été autrefois gouverneur du dernier Duc ou Prince Charles de Lorraine et en suite de M. l'Electeur de Bavière ; il a cinquante-neuf ans et trois enfans de deux lits, dont deux sont au service du Roy, et un autre dans les troupes de Bavière ; il a aussy un frère capitaine aux Gardes de son Altesse Electoralle.

BASSOMPIERRE, originaire d'Allemagne, étably en Lorraine pendant le dernier siècle, y a possédez les premières charges de l'État et plusieurs terres considérables dont elle a encore une partie. François de Bassompierre, maréchal de France, étoit de cette maison. Il ne reste que deux branches : Bassompierre, Marquis de Removille, l'aîné, est mort depuis deux ans et n'a laissé que deux petites filles et un garçon de cinq ans ; son frère, qui était fort avancé dans les troupes de l'Empereur, est devenu aveugle depuis peu ; ce qui l'a obligé de quitter le service. Et Bassompierre Savigny ou Baudricourt, l'aîné de cette branche, a environ vingt-quatre ans et sert dans les troupes du Roy, en qualité de Capitaine de Cavallerie au régiment d'Ourches, cy-devant Boufflers ; il y a trois cadets dont l'un est son cornette.

LIVRON-BOURBONNE, originaire du Dauphiné, est étably en Lorraine, a possédé les plus grandes charges de l'État et les terres les plus considérables du pays. Le Marquis de Bourbonne, fait Chevalier du Saint-Esprit par le feu Roy, en 1633, était de cette maison; il ne reste en Lorraine que madame la Marquise d'Haraucourt, qui était fille et héritière du Marquis de Ville, frère aîné du Marquis de Bourbonne, Chevalier de l'Ordre du Saint-Esprit; n'a point d'enfans.

CHOISEUL : Deux ou trois branches de cette maison, originaire de Champagne, sont établies en Lorraine. Le Marquis de Meuse est chef de l'une, le sieur d'Itche en fait une autre, et il y en a une troisième dans la Lorraine allemande.

RAGECOURT, maison ancienne et considérable, consiste présentement en deux frères mariés et ayant nombre d'enfans. L'aîné porte le nom de Ragecourt et a été créé Capitaine de Cavalerie dans les troupes du Roy, et a quitté le service; le cadet s'appelle Bremoncourt,¹ est Capitaine de Cavalerie au régiment de Vaillac. Il y avait une autre branche de la même maison, dont il ne reste que madame Duc, femme du chevalier Duc, Gentilhomme Piedmontois, Maréchal de camp, et pendant fort longtemps Colonel de Cavalerie dans les troupes du Roy, lequel demeure à Toul. Feu M. de Ragecourt, père de ceux-cy, était, du côté ma-

ternel, neveu du comte Fontaine qui commandait l'infanterie à la bataille de Rocroy.

DES ARMOISES. Cette famille est aussy des plus anciennes et des plus distinguées de la Lorraine. Il y en reste
deux branches; l'une est composée de trois frères, dont
deux sont mariés et demeurent à la campagne : l'un s'appelle des Armoises-Jaulny, et l'autre des Armoises-Com-
mercy, parce qu'il a un quart dans la Seigneurie de Commercy, dont les trois autres appartiennent à madame l
princesse de Lisle-Bonne; le troisième s'appelle Saint-Balmont, Capitaine d'une Compagnie dans le Régiment royal
des Carabiniers. L'autre branche est celle des Armoises-
d'Aulnoy ou Bouvigny. Le chef demeure à la campagne; il a
épousé une dame qui est flamande.

LUSSEBOURG ou HATZBERBOURG, dans la Lorraine
allemande, ancienne maison et qui prétend être descendue
des cadets de Luxembourg. Le père, qui était vieux, étoit
Capitaine de Cavalerie dans les troupes du Roy.

ASPREMONT. C'est cette maison d'où est sortye cette de-
moiselle d'Aspremont que le Duc de Lorraine Charles III
épousa en 1665 et qui, depuis sa mort, épousa le Comte de
Mauffetz. Il ne reste personne de cette branche; mais il y
en a d'autres : celle d'Aspremont, Comte de Loudain, dans
la Lorraine allemande, et Aspremont-Tillombois, près
Saint-Mihiel.

NETTANCOURT, illustre maison du Barrois ou plutôt de Champagne, car la terre de Nettancourt dont elle porte le nom, et qu'elle possède encore, est le dernier village ou bourg de Champagne du côté du Barrois. M. le Comte de Vaubecourt, Lieutenant-Général des Armées du Roy, en est; mais la branche substituée au nom et armes de Haussonville-Vaubecourt, dont l'héritière avait épousé son bisayeul, en sorte que par cette raison, Jean de Nettancourt, Baron d'Orn, son grand ayeul, fait, par le feu Roy, Chevalier de l'ordre du Saint-Esprit, en 1633, avait pris le nom de Vaubecourt. Il y a plusieurs branches de cette Maison dans la Lorraine et dans le Barrois : Nettancourt Neufville, Nabecourt et autres.

TANTONVILLE. Madame la comtesse de Moucha-Simiane, veuve du comte de Moucha, qui a autrefois commandé les Gens d'Armes de la Reine, est la dernière de cette maison. Elle possédoit les terres de Tantonville, Dombrot et autres. Ceux de cette maison ont aussy remply des charges considérables à la Cour de Lorraine.

SAFFRE-HAUSSONVILLE. Le feu baron de Saffre étoit Maître de l'Artillerie du Duc de Lorraine. Son fils, qui porte le nom de Haussonville, parce qu'il en possède la Terre, laquelle est entrée par femme dans la Maison de Saffre, sert dans les troupes du Roy en qualité de Capitaine de Cavalerie au régiment de Royal-Roussillon; il est marié en Lorraine, et a épousé une du Hautoy.

DES SALLES, ancienne famille. Il y a deux branches principales, l'une dans le Barrois mouvant qui possède les terres de Vouton, Genicourt et autres; le père n'a point servy, le fils est Capitaine de Cavalerie au régiment de Boufflers; il a quitté le service avant la guerre présente.

LAMBERTYE, originaire du Limousin. Le père du Marquis de Lambertye étoit Lieutenant du Roy au Gouvernement de Nancy, et Gouverneur de Longwy; il s'est marié en Lorraine, et y a fait des acquisitions. Les enfans y sont établis.

GOURNAY, famille nombreuse et ancienne. Il y en a trois branches : celle de feu M. de Gournay, Lieutenant-Général des Armées du Roy, et Gouverneur de Maubeuge, tué à la bataille de Fleurus, et dont le fils, Colonel de Cavalerie, a été tué à la bataille de Nervins, étoit étably à Metz; il ne reste que l'abbé de Gournay qui est prêtre. Les branches d'Estreval et Friaville sont établyes en Lorraine. Le Roy a donné un Regiment de Cavalerie au fils aîné du sieur Gournay d'Estreval. Monseigneur de Marcheville, autrefois ambassadeur à Constantinople, sous le feu Roy, étoit de cette amille.

FIQUELMONT, famille ancienne. Il y en a deux branches: Fiquelmont de Malatour, qui demeure à Malatour, entre Metz et Verdun; il n'a jamais servy; et Fiquelmont de Larroy, près Einville ; il a servy dans les troupes du Duc de Lorraine.

D'Ourches. Le fils du sieur d'Ourches est Colonel de Cavalerie au service 'du Roy ; il a acheté le regiment de Boufflers ; il sert à l'armée de Flandres, et est estimé de M. le maréchal de Villeroy. C'est une famille ancienne.

Mittry est aussi du nombre des anciennes familles. Il y en a trois branches peu commodes, scavoir : Mittry qui a été autrefois Lieutenant des Gardes du Corps de feu M. le Duc de Lorraine ; il demeure chez lui et est sourd. Mittry-Fauconcourt est allé servir les ennemis, et Mittry-Griffon ; il n'en reste qu'une fille qui est mariée en Bretagne au sieur Chopeon de Cio, fils d'un Conseiller au Parlement de Rennes.

Offlands. Le Comte de Viltz, Colonel d'un regiment de Cavalerie au service du Roy, est de cette famille ; il a épousé la sœur du marquis de Praslin, Colonel du Regiment Royal-Roussillon Cavallerie.

Helmestad, dans la Lorraine allemande. Le chef de cette famille a épousé une sœur du Comte et abbé de Poitiers, Abbé de Chemnion en Champagne ; il est Capitaine de Cavallerie.

MALLE, famille originaire de Flandres. Le père est mort depuis trois ou quatre ans et a laissé plusieurs garçons qui commencent à entrer dans le service.

MAULEON, famille originaire de Guyenne. Il y en avait deux branches en Lorraine ; il ne reste que deux filles mariées en Allemagne, de la branche d'Antigny ; l'autre est celle de Mauléon-Labbatis. Le père, peu accommodé, demeuroit à Malzirot, près de Mircourt ; le fils, qui était Capitaine dans les troupes du Roy, a passé aux ennemis et sert en Hongrie.

MERCY. C'est la famille des Généraux Mercy qui se sont distingués en Allemagne. Le jeune Baron de Mercy étoit Capitaine de Cavallerie dans les troupes du Roy ; il a passé aux ennemis. La terre de Mercy et ses autres biens sont situés auprès de Longwy.

HENDSTEIN dans la Lorraine allemande. Le baron de ce nom, Colonel du Regiment de milice de la Saarre, est de cette maison.

BANNEROT. Le général Herbevilliers, au service de l'Empereur, est de cette maison. La terre d'Herbevilliers, dont il porte le nom, est située entre Lunéville et Blamont, où madame sa mère demeure.

VRÉCOURT. Le nom de cette famille est Lavaux. Il y a plusieurs frères qui ne sont pas au service.

TAVAGNY. Madame Grimaldi, veuve du sieur Grimaldy, prince de Lixeheim, qui avait en première nopce épousé la Princesse de Phalzebourg, sœur du vieux Duc de Lorraine, est de cette même famille. Le Lieutenant-Colonel d'infanterie de Mirolménil, cy-devant Boufflers, porte le même nom.

Les autres Gentilshommes de remarque sont Roussel, d'Aubigny, Fontest, Salins et Lamezan.

——————

Les quatre familles de l'Ancienne Chevalerie, et qui sont reconnues pour descendre de masles, sont :

DU CHATELET. Elle est la plus étendue ; il y en a différentes branches en France et en Lorraine. M. le Marquis du Chatelet, Colonel de Cavalerie et Brigadier, qui a épousé une fille de M. le Maréchal de Bellefonds, est chef de l'une. M. le Baron du Chatelet de Ton, son père, était Maréchal de Lorraine ; il avait épousé une sœur de M. le duc d'Aumont, mère du Marquis du Chatelet ; Jean du Chatelet, Baron de Ton, gouverneur de Langres, bisayeul du Marquis du Chatelet d'aujourd'hui, fut fait Chevalier de l'Ordre du Saint-Esprit par le Roy Henri III<sup>e</sup> à la promotion du 31 octobre 1585. M. le Comte de Laumont, Maréchal de Camp, Commandant à Dunkerque et Colonel du régiment de Ponthieux, est aussy de cette maison ; il est pareillement arrière – fils de Jean du Chatelet, Chevalier de l'Ordre du Saint-Esprit, et il a épousé l'héritière de Pierrefitte. Le père de madame la Comtesse de Lomont était Maréchal de Camp et Commandant à Metz ; il avait autrefois commandé le régiment d'Infanterie de feu M. le Duc d'Orléans, oncle du Roy, appelé le Régiment de l'Altesse ; il étoit fils du Baron de Cirey autrefois Gouverneur d'Aigue–Morte, et son frère aîné, qui s'appeloit Marquis du Chatelet, commandait le régiment de Cavalerie de son Altesse. Cette maison prétend être descendue des cadets de Lorraine.

LENONCOURT, maison illustre par les deux Cardinaux Robert et Philippe de Lenoncourt, oncle et neveu : le premier Évêque de Metz, et le second Archevêque de Rheims ; il étoit Commandeur de l'Ordre du Saint-Esprit ; par un autre Robert, Archevêque de Rheims, oncle du premier cardinal ; et par plusieurs personnes de mérite, entre autres le Marquis de Lenoncourt, tué au siége de Thionville en 1643. Il en reste encore deux branches en Lorraine, sçavoir : celle du Marquis de Blainville, à présent Colonel du premier régiment de milice de Lorraine, qui a épousé la niepce de la deffunte mère de Remoncourt, carmelitte; elle est de la maison de Nettancourt, branche de Passeavant, et celle du Marquis de Lenoncourt de Serre, autrefois Grand Ecuyer de M. le Duc de Lorraine, qui n'a qu'une fille, mariée à M. d'Heudicourt, Grand Louvetier de France. Les deux maisons du Chatelet et de Lenoncourt sont certainement les deux plus illustres de l'ancienne chevalerie Lorraine.

HARAUCOURT. Cette maison est très ancienne et est réduite au seul Marquis de ce nom, qui demeure à Dalem dans la Lorraine Allemande, qui a épousé une niepce du deffunt Electeur de Trèves du nom de Layon, et qui n'a point d'enfans. Il avait une sœur mariée au Marquis de Bissy, fils aîné de M. de Bissy, Chevalier de l'Ordre; elle est morte et n'a laissé qu'un seul fils qui est page de la Chambre du Roy et qui sera héritier de tous les biens de la maison d'Haraucourt. Feu M. le Marquis d'Haraucourt étoit Maréchal de Lorraine; son père étoit Gouverneur de Nancy. Cette maison a toujours possédé des charges considérables. Il y en avait plusieurs branches qui sont finies.... Haraucourt-Chambley est tombée dans la maison de Livron par le mariage de l'héritière avec le Marquis de Ville, parent de M. d'Haraucourt d'aujourd'hui, comme on a remarqué dans la maison de Livron. Une autre branche est tombée dans la Maison de Bassompierre. Il y a dans le comté de Bourgogne une branche d'Haraucourt, mais très pauvre et presque inconnue. Les dames d'Haraucourt et de Mabbert,

Chanoinesses de Remiremont, sont de la branche de Chambley. Le Marquis d'Haraucourt possède dans la Lorraine le Marquisat de Fiquelmont et la terre de Dalem, et dans la Lorraine française Caignies et autres lieux.

LIGNEVILLE. Il y a plusieurs branches de cette Maison, mais peu riches. Les comtes de Ligneville qui commandaient les troupes de feu monseigneur le duc de Lorraine en Flandres, quand les Espagnols les firent arrêter en 1654, étoient de cette maison. Les branches qui restent sont Tumeius, Vannes et autres. La terre de Ligneville, dont cette maison possède le nom, a passé depuis longtemps par femmes dans d'autres maisons, et elle appartient présentement à l'héritière du Marquis de Senante, mariée au marquis de Caraglia, Piedmontois, Gouverneur de Nice pour M. le duc de Savoye. Elle avait épousé en première nopce le Comte de Chalant de la Maison de Lenoncourt, frère aîné du Comte d'Albert; elle avait eu de ce premier mariage un fils appelé Comte de Chalant, il fut tué à la bataille la Marseille dans les troupes de Savoye, et une fille qui est mariée au Marquis de Baleistrein, Génois, de la Maison de Carette, qui demeure auprès du Duc de Savoye.

Les maisons de Chevalerie qui sont finies depuis quelque temps :

FLORAINVILLE, tombée en partie dans la Maison de Beauvau-Fleville, et en partie dans celle de Choiseul-Meuse. Il ne reste du nom que madame l'Abbesse de Sainte-Marie de Metz, Abbaye séculière de Chanoinesses ; elle est fort vieille.

DOMPMARTIN, tombée dans la maison de Bassompierre.

HAUSSONVILLE, tombée en partie dans la maison de Nettancourt, pour quoy M. de Vaubecourt porte le nom et les armes de Haussonville, et en partie dans la maison de Saffre.

MARCOUSSEY, tombée dans la maison d'Haraucourt en Lorraine et en partie dans la maison d'Huxelles Cussigny, et Viange dans le comté de Bourgogne.

SAVIGNY, est présentement dans la maison de Bassompierre. Il n'y a plus en Lorraine personne du nom de Savigny, mais Mrs. d'Etoges en Champagne, substitué aux armes et nom d'Anglure-Etoges viennent de Lorraine et sont de la maison de Savigny. Le maréchal de Rhosne du temps de la Ligue, fait Maréchal de Lorraine par Charles Duc de Mayenne, étoit de cette famille.

Il ne faut pas passer cet article sans parler de la maison de Salm ou des Rheingraves, car c'est à présent le même, d'autant plus que la même terre et ancien Comté de Salm est presque tout enclavé dans la Lorraine, et que le Roy, comme étant aux droits de M. le Duc de Lorraine, possède la moitié de cette terre, laquelle moitié s'appelle présentement Comté de Salm, l'autre moitié s'appelle Principauté.

L'ancien comté de Salm est un Comté d'Empire sur lequel les Ducs de Lorraine n'avaient aucun droit.

On prétend que l'ancienne Maison de Salm, à présent éteinte, étoit descendue des Cadets de Luxembourg qui eurent en partage la ville et le Château de Salm en Ardenne, et qu'un cadet de ses Seigneurs de Salm ayant eu par succession en partage ou autrement les terres situées en Alsace et Lorraine, qu'on appelle aujourd'hui Comté et Principauté de Salm et ayant bâty le château et la ville de Badonviller, chef-lieu de ces terres, elles furent appelées de son nom, Comté de Salm ; et luy et ses successeurs les ont tenues et relevées de l'Empire, jouissant des droits régaliens comme tous les Comtés de l'Empire. Cette histoire est assez vraisemblable.

Jean COMTE DE SALM, Maréchal de Lorraine, Gouverneur de Nancy, et Paul, aussy Comte de Salm, sont les derniers de ce nom. Jean n'eut qu'une fille nommée Christine de Salm, qui épousa François de Lorraine, Comte de Vaudemont, père du Duc Henry et père du Duc de Lorraine Charles IIIe. Paul n'eut pareillement qu'une fille mariée à Rheingrave ou Comte Sauvage du Rhin, duquel descend la maison de Salm d'aujourd'huy . En 1598, Jean, Comte de Salm, et Fréderic Rheingrave partagèrent la terre de Salm, dont la moité échue au Rheingrave, ayant été érigée en Principauté par l'empereur Ferdinand IV, fait aujourd'hui la Principauté de Salm qui appartient au Prince de ce nom, Gouverneur du Roy des Romains, lequel avait épousé en première nopce une princesse Palatine sœur de madame la Princesse de Condé, dont il a un fils et des filles... Madame l'Abbesse de Remiremont, et madame la Princesse Christine de Salm, dont on a ci-devant parlé, sont sœurs du prince de Salm gouverneur du roy des Romains.

Il y a dans la Lorraine Allemande, dans les terres de l'Empire qui joignent le Palatinat, plusieurs branches de la famille des Rheingraves, savoir : ceux d'Haun, ceux de Gromback, ceux d'Etaing et ceux de Morahange ou Kirbourg. La dernière est finie, et il ne reste que la veuve, laquelle est fille du feu Prince Palatin de Valdentz, ou la Petite Pierre.

# DEGRÉS DES SÉANCES DES NOBLES DU PAYS

## DANS L'ASSEMBLÉE DES ÉTATS.

Les Comtes de Salm ont toujours tenu un rang considérable auprès des Ducs de Lorraine, et on rapporte qu'autrefois, quand les Ducs de Lorraine assembloient leurs Etats, il y avoit une séance distinguée, et même au-dessus de l'Ancienne Chevalerie, pour ce que l'on appeloit les Hauts-Hommes, au nombre desquels étaient les Comtes de Salm et ceux de Creange et de Morhange.

Le Ban ou le Siége de ces Hauts-Hommes étoit sur le même haut Dais que celuy du Prince, et de là est venu le mot de Hauts-Hommes.

Autour du Dais étoient les places de l'Ancienne Chevalerie, ensuite celle des Gentilshommes, c'est-à-dire les Nobles de quatre races qui avoient obtenu du prince des lettres de Gentillesse. Les nobles qui avoient moins de quatre races venoient après, et enfin les ennoblis étoient les derniers, en sorte que la noblesse étoit divisée en cinq classes, scavoir : les hauts hommes, les anciens chevaliers, les gentilshommes, les nobles et les annoblis.

DES

# TERRES TITRÉES

## ET AUTRES

### EXISTANT EN 1700.

*
* *

NOTE. — Mathieu Husson l'Escossois, conseiller du Roy au siége Présidial de Verdun, et cy-devant commis de Messieurs les conseillers secrétaires et intendans des chartes de Sa Majesté, a donné en 1674 une liste des Pairs fiefvés qui entroient aux assises, et jouissoient des mesmes priviléges que ceux de l'Ancienne Chevalerie.

La possession des fiefs ayant changé de main, il est nécessaire de connaître le nom des Terres Titrées et celles qui ne l'étaient pas, et n'ont pu l'être que depuis.                                    V. B.

# JUSTICES SEIGNEURIALES DE LA LORRAINE.

Les plus considérables sont : la justice du chapitre de Remiremont; celle du chapitre de Saint-Diey; celles des abbayes de Senones, Etival et Moyen-Moutier; celle du marquisat de Gerbevillers appartient à la maison de Torniel; celle du marquisat de Removille à la maison de Bassompierre; celle de la baronie du Chastellet à la même maison; celle du marquisat de Blainville à la maison de Lenoncourt; celle du marquisat de Fauquemont, dans la Lorraine allemande, à la maison d'Haraucourt; celle du marquisat de Ville-sur-Yon, qui appartient à la maison de Livron, vendue au sieur de Rhingarde.

## JUSTICES SEIGNEURIALES DU BARROIS.

La justice du comté de Ligny appartient à madame la duchesse douairière de Luxembourg; celle de la terre et seigneurie de Pierrefitte à M. le comte de Lomont, de la maison du Chastellet; celle de la baronie d'Ancerville à M. le prince de Condé, comme faisant partie de la succession de feue madame de Guise; on prétend que M. le prince de Condé l'a cédée à M. le duc d'Orléans; celle de la baronie de Tons au marquis du Chastellet, colonel de cavalerie; celle du marquisat d'Haroué avec la seigneurie et baronie d'armes qui appartenoit autrefois à la maison de Bassompierre, vendue au sieur de Boisleve, et présentement en contestation entre les créanciers dudit Boisleve et la dame comtesse de Crussol, mère de l'abbé des Roches; celle de la baronie de Baufremont ou Boisfremont, appartenant cy-devant à la maison de Lenoncourt et à la maison de Torniel, est vendue, scavoir : la moitié au sieur Labbé, cy-devant président de la Chambre des Comptes de Lorraine de Nancy, et l'autre moitié à la famille du sieur Alençon, lieutenant-général au bailliage de Bar-le-Duc; celle du marquisat de Novian appartient à la maison de Beauveau; celle de la baronie de Vivière à madame la princesse de Lilsbonne; celle du marquisat de Moigneville, qui appartient à madame la maréchalle de Vivonne, et qui a été achetée par M. de Choisy, maréchal de camp et gouverneur de Saare-Louis. *Il n'y a dans la Lorraine et dans le Barrois de terres titrées que celles qu'on vient de nommer en parlant des Justices.*

Les comtés de Ligny, la baronie d'Ancerville, et les marquisats de Remonville et de Gerbevillers, sont les plus considérables.

On ne parle point de la principauté de Salm, parce que c'est un fief de l'Empire, quoique enclavé dans la Lorraine; ny du comté de Morhange, par la même raison; ny pareillement de la terre et seigneurie de Commerey, dont les trois quarts appartiennent à madame la princesse de Lilsbonne, et l'autre part au sieur des Armoises, gentilhomme lorrain, parce qu'on a prétendu que c'étoit une souveraineté indépendante, jusqu'à ce que, par arrêt de la chambre royale de Metz du 15 avril 1680, elle a été déclarée domaine de l'Eveschez de Metz.

Quoyque ces terres soient d'une assez grande étendue, elles n'ont que peu ou point de mouvance féodale. Tous les fiefs de la Lorraine ne relèvent que du Prince.

Les plus considérables après celles dont on vient de parler sont,

*Dans la Lorraine :*

Dombasle qui appartient à la maison de Bassompierre; Serre et Lenoncourt à la maison de Lenoncourt ; Neufville au prince de Salm; Bayon à M. de Ludre; Ludre et Richardmesnil au sieur de Ludre, son neveu ; Thiaucourt au duc d'Havré de la maison de Croy en Frandres; Acraignes au marquis d'Haraucourt, Fléville, Essey, Saint-Max, Dommartin, au marquis de Beauveau; Dalem, dans la Lorraine allemande, au sieur marquis d'Haraucourt; Haussonville au sieur de Saffre-Haussonville; Ligneville et Vrisel à la dame marquise de Caraglia, femme du marquis de Caraglia, gentilhomme piedmontois gouverneur de Nice pour M. le duc de Savoye: elle est fille et héritière du marquis de Senante, gentilhomme françois qui étoit estably en Savoye et qui possédoit ces terres du chef de sa femme; Haraucourt, près Nancy, à la maison

de Livron, dont il ne reste que madame la marquise d'Haraucourt douairière; Valhaye au comte de Torniel; Savigny,
Baudricourt et Flormont au marquis de Bassompierre-Bau-
dricourt; Gouin au comte de Viange; Dombret et Tantonville vendues par la dame comtesse de Moucha, l'une au
sieur Blaize, président au Parlement de Metz, et l'autre au
sieur Dufaure; Parroye au sieur de Fiquelmont; Fontenoy
ci-devant à M. de Gournay, vendu par l'abbé de Gournay-
Viarne; Delaing au marquis de Lenoncourt-Blainville;
Bremoncourt à la maison de Ragecourt; Beru au comte
de Linden de la maison d'Apremont; Tumeius et Vannes
aux sieurs de Ligneville.

### Et dans le Barrois :

Louppy-le-Château appartient à madame la princesse de
Lilsbonne; Sommelone à M. le comte d'Estain, capitaine-
lieutenant de la compagnie gensdarmes-Dauphin; Vaubecourt au comte de Vaubecourt, lieutenant-général des armées du roy; les deux Voalons et Genicourt au sieur Des-
sales; Cousance vendu par l'abbé de Gournay au sieur Le
Moyne, président au Parlement de Metz; Lemond au marquis de Lenoncourt-Blainville; Neuville au sieur de Nettancourt; Couvonges au sieur de Couvonges de la maison
de Stainville; Friaville au sieur de Gournay; Saint-Balmont
au sieur des Armoises; Jaulny à un autre de la même maison; Vigot à la dame comtesse de Viange; Bulgneville au

sieur marquis de Tohey ; Sarte, Pompierre et Sommeri-
court, cy-devant à la maison de Livron, vendue au sieur de
Thiaucourt ; Martinville et Ligneville au sieur comte de
Viange ; Stainville, vendu par les créanciers de la maison de
Lorraine au feu sieur Morel, maître de la chambre aux deniers ; Sorcy au sieur marquis de Meuse de la maison de
Choiseul ; Koeurs au sieur marquis de Mouy ; La Grandville, près Longwy, au sieur marquis de Lambertye ; Flains,
Belrin et Argeville, au sieur marquis de Beauveau ; Rosne
et Vomecourt à M. D'Anglure d'Estoges, autrefois capitaine
aux gardes, et à ses neveux.

# ARMORIAL

## DE

# L'ANCIENNE CHEVALERIE

## DE LORRAINE

# STAINVILLE

*Dans la prévôté de Bar.*

Sieur de Cousance et de Couvonges.

Porte : *d'or à la croix ancrée de gueules.*

# DE LUDRE

*Sous le bailliage de Nancy.*

Sieur de Richardmesnil, comte d'Affrique. Cette seigneurie a été érigée en marquisat avec celle de Bayon, le
7 octobre 1720.

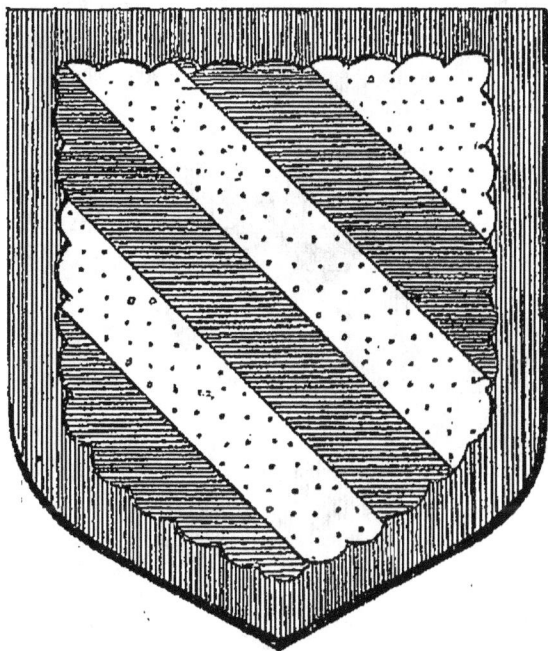

Porte : *bandé d'or et d'azur à la bordure engreslée de
gueules.*

# TORNIELLE

*Originaire d'Italie.*

Comte de Tornielle et Brionne, marquis de Gerbeviller.

Porte : *de gueules à l'écusson d'argent, chargé d'un aigle de sable accolé d'une couronne d'or, ledit écusson entouré de deux courges d'or.*

5.

# BEAUVAU

*Originaire de l'Anjou.*

Sieur de Roltay, de Manonville, de Saint-Baussant, d'Avillers, de Noveau, de Vignot, baron de Manonville, sieur de Fleville, en Lorraine ; — sieur de Vatimont, d'Espense, de Pothière, de Bignipont, de Merigny, en Champagne.

Marc de Beauvau, créé marquis de Haudonvillers sous le nom de Craon, le 21 août 1712 ; marquis d'Autrey, le 4 novembre 1720 ; baron de Hargeville, le 8 avril 1721 ; baron de Villessey, le 13 février 1723 ; comte d'Estreval sous le nom de Gournay, le 12 septembre 1724.

Porte : *d'argent à quatre lionceaux de gueules, armés, lampassés et couronnés d'or.*

# DE BASSOMPIERRE

*Au Bailliage de Saint-Mihiel.*

Seigneur et marquis de Removille ; marquis de Bassompierre ; créé marquis de Saint-Menge, sous le nom de Baudricourt, le 8 novembre 1719.

Porte : *d'argent au chevron de gueules de trois pièces.* —
Du Buisson dans son Armorial donne pour armes à *Bassom-*
*pierre,* seigneur de *Huisemont : écartelé au* 1ᵉʳ *et* 4ᵉ *d'argent à*
*un lion de sable couronné d'or, au* 2ᵉ *et* 3ᵉ *d'azur au lion*
*d'argent lampassé de gueules.*

# LIVRON-BOURBONNE

*Originaire du Dauphiné.*

Sieur de Bourbonne, de Ville et de Haraucourt. — Un autre Livron, sieur de Leaumont.

Porte : *d'argent à la fasce de gueules de trois pièces, au franc-canton d'argent , chargé d'un roc d'échiquier de gueules.*

# DE CHOISEUL

*Originaire de Champagne.*

Sieur de Clefmont; sieur de Traves; — comte de Chevigny près Semur en Auxois; — seigneur de Stainville, de Meuze et de Chevigny; puis marquis de Meuse; marquis de Stainville le 7 avril 1722; baron de Demanges-aux-Eaux le 8 février 1724; — sieur de Sorcy, de Lanques, de Beaupré; comte du Plessis-Praslin, vicomte d'Ostel et d'Oigny, baron de Champagnay, Carconte, Chiny, Soissons, etc. — Le duc de Choiseul Stainville a transmis son titre de duc à une autre branche collatérale, les marquis de Marmier, depuis ducs de Marmier.

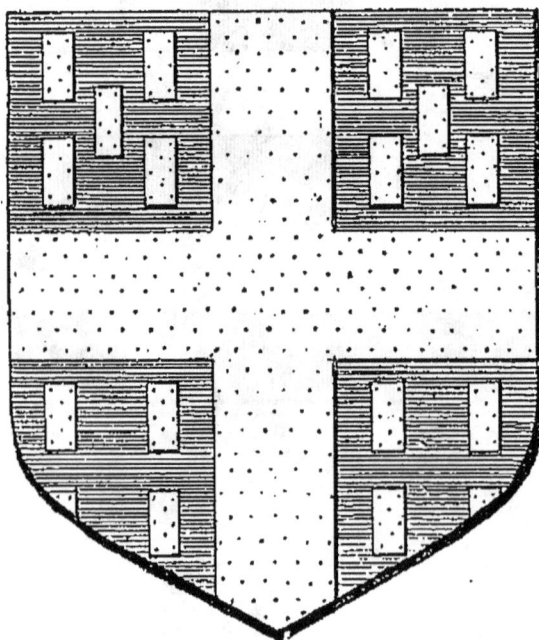

Porte : *d'azur à la croix d'or cantonnée de dix-huit billettes de même, cinq à chaque canton du chef, quatre à ceux de la pointe.*

# DE RAIGECOURT ou RAGECOURT

*Originaire de Metz.*

Sieur d'Ancerville, de Brémoncourt, de Gibaumel.

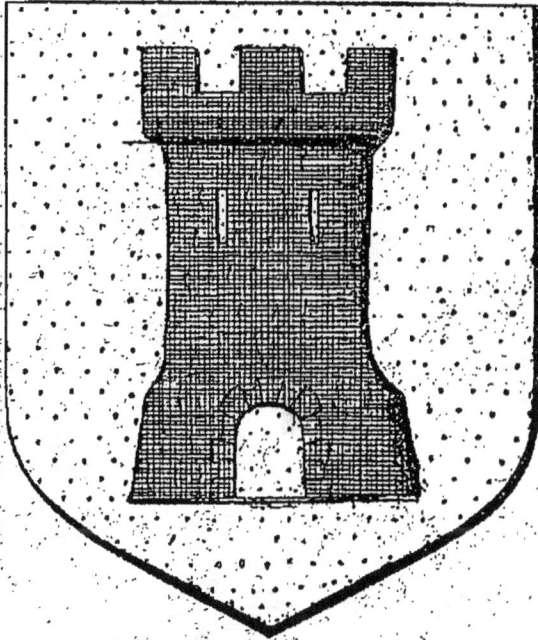

Porte : *d'or à une tour de sable ; d'Hozier ajoute : ajou-*
*rée du champ.*

# LES ARMOISES, DES ARMOISES

## OU

# LES HERMOISES

*Originaire de Flandres.*

Sieur de Neuville, marquis d'Aunoy Je 16 décembre 1727;
sieur d'Affleville, de Hannoncelles, de Saulny, de Neufville, Saint-Balmont, de Fleville, de Commercy.

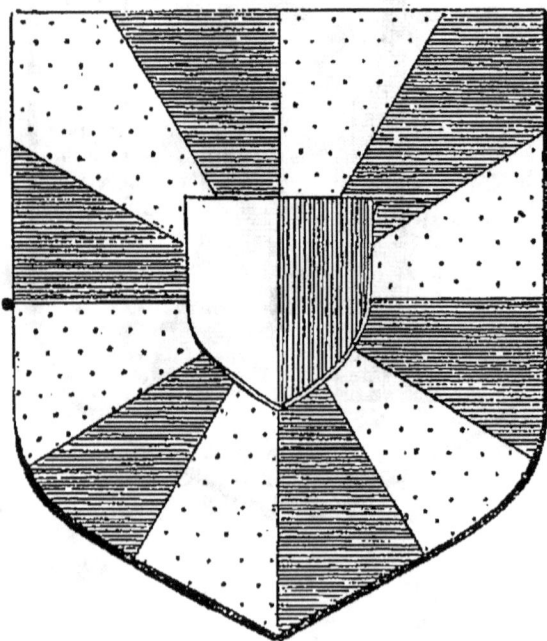

Porte : *gironné d'or et d'azur de douze pièces ; sur le tout
d'argent party de gueules.*

# LUSSEBOURG ou LUTZBOURG

## ou LUTZELBOURG.

*Originaire du pays de Luxembourg.*

Seigneur de Fleville

Porte : *d'or au lion d'azur, écartelé de vair.*

# NETTANCOURT-VAUBECOURT

*En Lorraine et en Champagne.*

Sieur de Vaubecourt et de Chastillon ; — sieur de Vaubecourt et de Pasavant, comte de Vaubecourt, Nettancourt – Passavant.

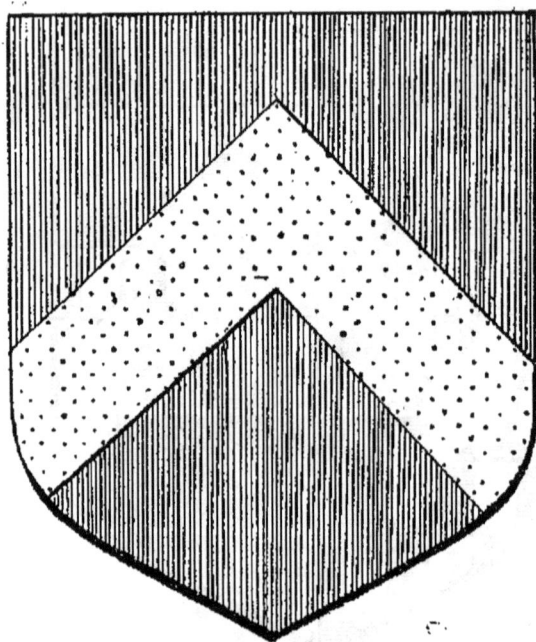

Porte : *de gueules au chevron d'or.*

# TANTONVILLE

## *Originaire de Lorraine.*

Philippe de Tantonville étoit député du bailliage d'Epinal aux États de 1621.

Portoit : *burclé d'argent et ae sable de dix pièces.*

# DE SAFFRE-HAUSSONVILLE

## *Au Baillage de Semur.*

L'ancienne maison de Saffre, à laquelle échut la baron
nie d'Haussonville, étoit originaire de Bourgogne

Portoit : *de gueules à la croix pattée et alaisée d'argent,
accompagnée de quatre petites croix pattées de même.*

## ASPREMONT ou APREMONT

Reconnu fief immédiat de l'Empire par la bulle de Charles-Quint, 1354, et dont la haute souveraineté et droit d'investiture a été cédée au roy par le traité de Munster en 1645.

Sieur de Tugny, Cerny, Nantheuil; sieur de Sorcy puis comte d'Apremont, baron de Nantheuil; sieur de Vandy.

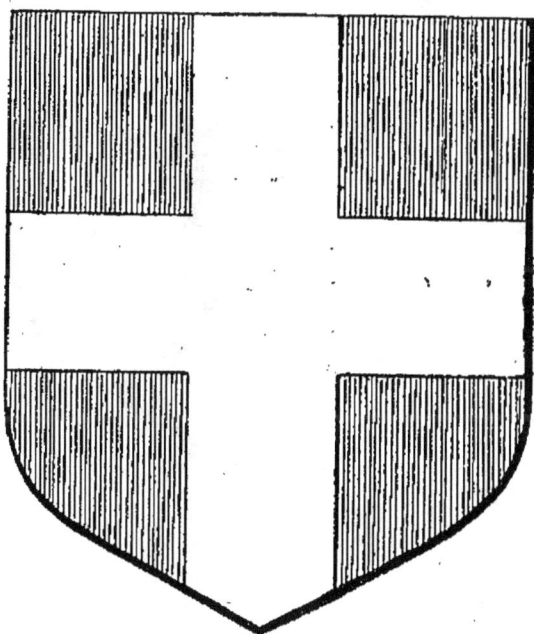

Porte : *de gueules à la croix d'argent.*

# DES SALLES

*Originaire de Béarn.*

Sieur de Gombervaux.

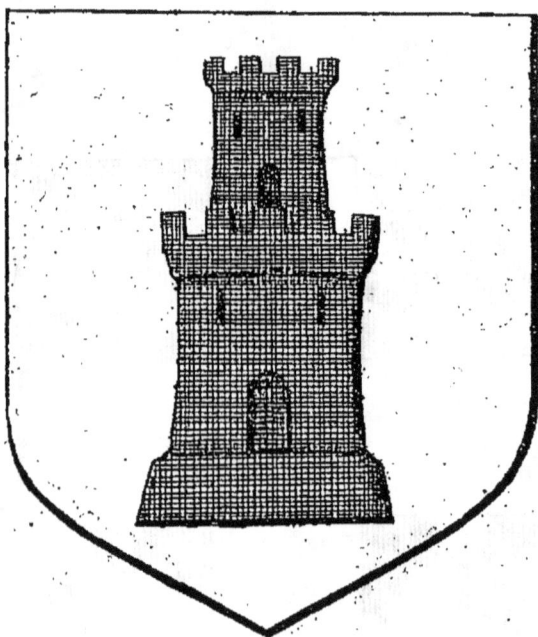

Porte : *d'argent au château de sable.*

6.

# DE LAMBERTYE

*Originaire de Périgueux.*

Baron de Montbrun, comte et marquis de Lambertye, marquis de Cons la Grandville le 3 janvier 1719.

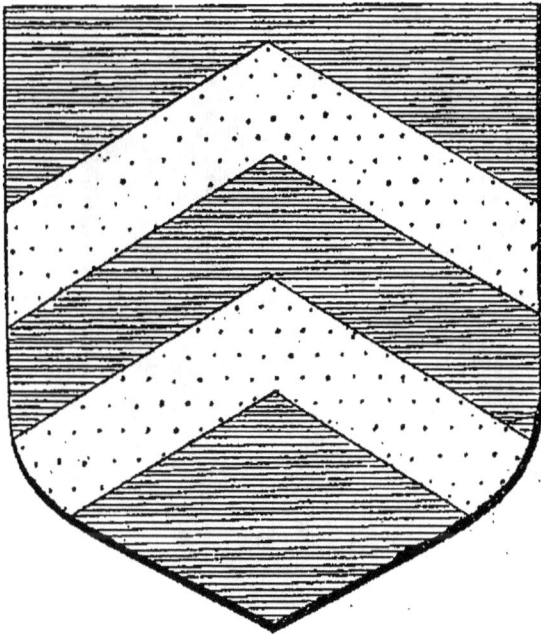

Porte : *d'azur à deux chevrons d'or.*

# DE GOURNAY

*Originaire de France.*

Sieur de Secourt, de Château Saint-Blaize ; sieur de Buxy, de Rambercourt, — comte de Marcheville ; — sieur de Jouy, de Talanges.

Porte : *de gueules à trois tours d'argent posées en bande.*

## DE FIQUELMONT

## FICQUELMONT ou FICQUEMONT

*Dans le Barrois non mouvant, sous la Chastellenie de Briey.*

Seigneur de Mars la Tour (Malatour); — sieur d'Anderny, dit de Puize; — sieur de Moustier et Paroye.

Porte : *d'or à trois pals abaissés au pied fiché de gueules, surmontés d'un loup passant de sable.*

# D'OURCHES

*Dans le Barrois mouvant.*

Porte : *d'argent au lion de sable armé, denté, couronné et lampassé de gueules.*

# MITRY ou MITTRY

*Originaire de Metz.*

Sieur de Fauconcourt et de Bouzillon.

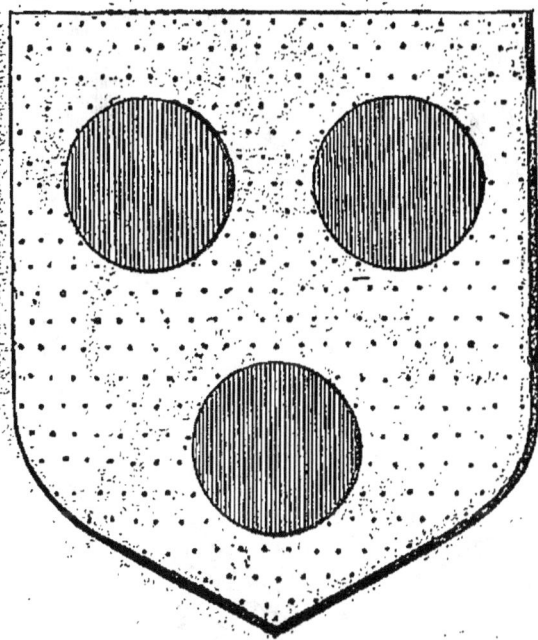

Porte : *d'or à trois tourteaux de gueules.*

# WILTZ-OFFLANDS

*Originaire du Luxembourg.*

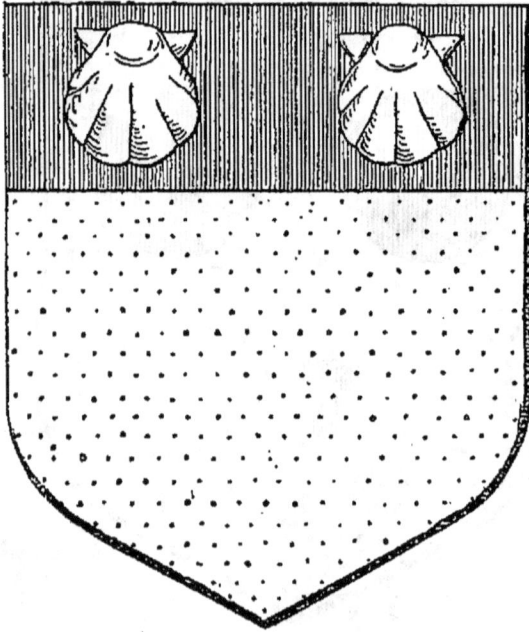

Porte : *d'or au chef de gueules chargé de deux coquilles
d'argent.*

# DE MALLE

*Originaire de Flandres.*

Seigneur de Bettendorf.

Porte : *d'argent à une manche mal taillée de gueules, écartelé d'argent à un lion de gueules lampassé et armé d'or.*

## HELMSTADT ou HELMESTADT

*Originaire du Palatinat.*

Comte d'Helmstadt, sieur de Hinguesanges.

Porte : *d'argent à un chef de gueules chargé d'un croissant montant d'argent.* Alias : *d'argent à l'aigle essorant de sable.*

7

# MAULEON

*Originaire de Guyenne.*

Sieur de la Bastide, d'Atigny; seigneur de Gourdan, de Sabaillan.

Porte : *de gueules au lion d'or.*

# DE MERCY

*Sous la Chatellenie de Longwy.*

Sieur de Friaville et de Mandres; comte de Mercy le 19
mars 1719.

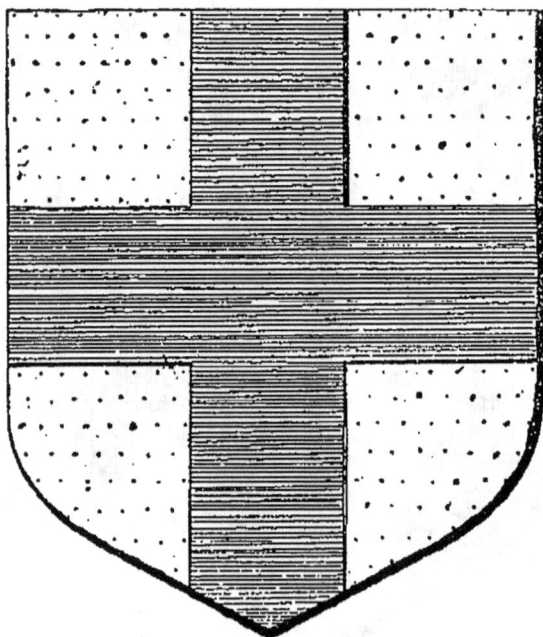

Porte : *d'or à la croix d'azur.*

# HONSTEIN ou HUNOLSTEIN

## *Originaire d'Alsace.*

Seigneur de Châteauouel, baron de Hunolstein ; seigneur et comte d'Ottange ; comte de l'Empire.

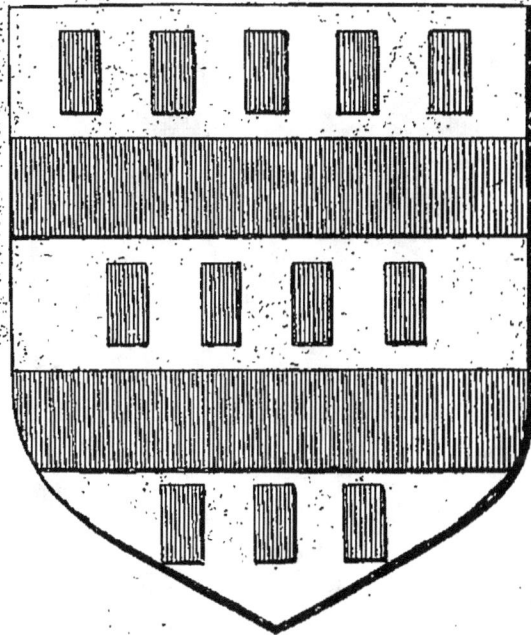

Porte : *d'argent à douze billettes de gueules posées 5, 4, 3.*

# DE BANNEROT

*Au Bailliage de Vosges.*

Comte d'Herbeviller.

Porte : *d'argent à trois troncs étoqués de sable, 2 et 1, allumés de gueules.*

# LA VAULX, — DE VRECOURT

*En la Prevoté de Montmedy.*

Seigneur de Gironcourt, comte de La Vaulx, en 1737.

Porte : *de sable à trois tours d'argent 2. 1.*

# DE TAVAGNY

*Originaire d'Italie.*

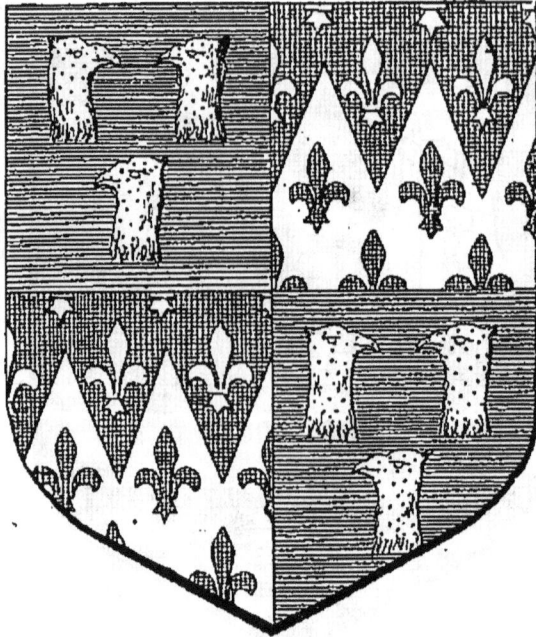

Porte : *d'azur à trois têtes de griffons d'or ; écartelé, emman-*
*hé, fleurdelisé d'argent et de sable de l'un en l'autre.*

# ROUSSEL, ROUCELS, ROUCELZ

*Originaire de Metz.*

Sieur de Warneville et de Vany ; sieur d'Aubigny et de Cleville.

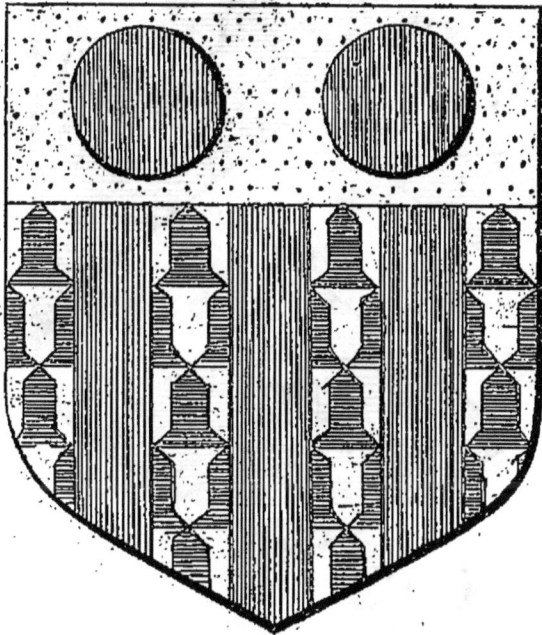

Porte : *de vair à trois pals de gueules et un chef d'or chargé de deux tourteaux de gueules.* Alias : *de vair à trois pals de gueules, au chef d'or chargé d'une étoile de sable, posée entre deux tourteaux de gueules.*

# DE SALINS

*Originaire de Champagne.*

S'appelait aussi Billard de Salins.

Porte : *d'azur au chevron d'argent surmonté d'une croix de Lorraine d'or à la pointe du chevron, accompagné de deux croissants montants d'argent.* — D'Hozier indique : *d'azur au chevron d'argent accompagné en chef de deux croissans montants de même, et en pointe d'une croix de Lorraine d'or.*

# LAMEZAN

*Originaire de Comminges.*

Sieur de Joncet.

Porte : *écartelé au 1ᵉʳ et 4ᵉ d'azur à un lion d'or ;*
*au 2ᵉ et 4ᵉ de gueules à une tour d'argent.*

# DU CHASTELET ou DU CHATELET

*Sous le Bailliage de Vosges.*

Baron et marquis de Cirey, sieur de Dueilly; marquis de Trischateau; sieur de Chasteauneuf, de Sarcy, de Sartres, Pompierre, de Thons, de Bonnay, de Lomont et marquis de Granseille en décembre 1722.

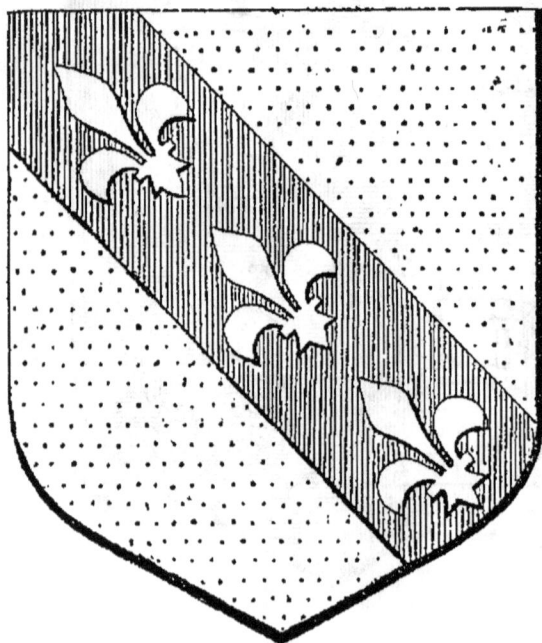

*Porte : d'or à la bande de gueules, chargée de trois fleurs de lys d'argent dans le sens de la bande.*

# DE LENONCOURT

*Son nom primitif étoit de Nancy.*

Sieur de Gondrecourt et de Serre ; — marquis de Blainville et de Serre ; — sieur de Pierrefort, — comte de Vi-
gnory et sieur de Colombey, — marquis de Lenoncourt,
baron de Neuveron.

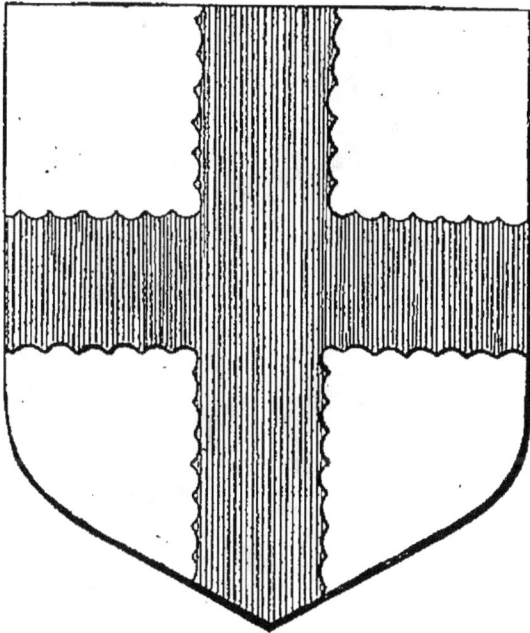

Porte : *d'argent à la croix engreslée de gueules.*

# . DE HARAUCOURT

## *Originaire de Lorraine.*

Baron de Chambley, — sieur d'Acraignes, marquis de Fauquemont, seigneur de Magnières, d'Essey, de Saint-Balmont, — marquis de Fauquemont.

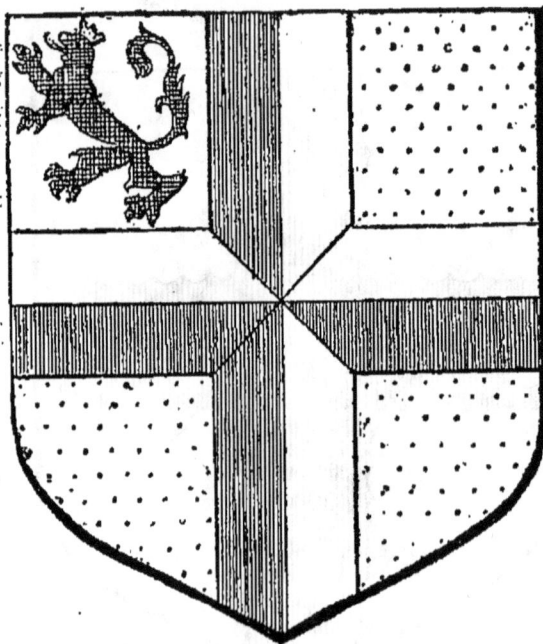

Porte : *d'or à la croix écartelée de gueules et d'argent, au canton dextre d'argent à un lion de sable.* — D'Hozier marque : *d'or à une croix de gueules cantonnée au premier canton d'un lion de sable.*

# DE LIGNEVILLE ou LIGNIVILLE

## Sous le Bailliage de Vosges.

Sieur de Tumejus et de Vannes ; — baron de Villars, — sieur de Tantonville, — Comte d'Autricourt, seigneur d'Autreville en 1670, — marquis de Houecourt en 1720.

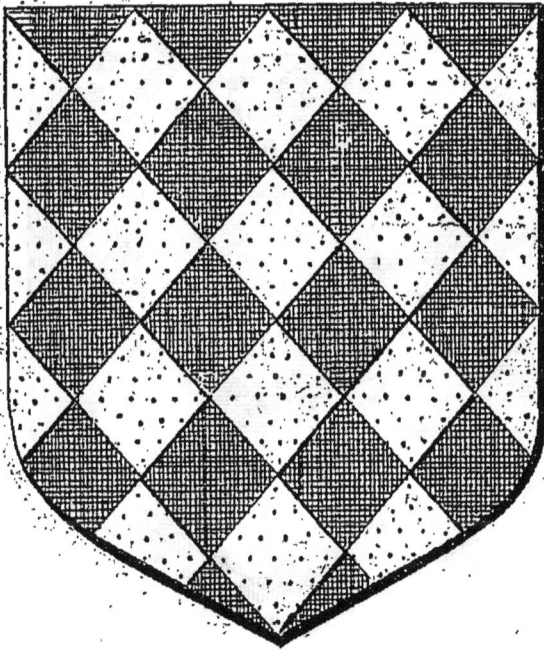

Porte : *losangé d'or et de sable.*

# DE FLORAINVILLE

*Originaire du pays de Luxembourg.*

## Sieur de Fains.

Porte, selon Mathieu Husson : *d'argent à la bande de quatre pièces d'azur, à l'ombre d'un lion brochant sur le tout, à la bordure engreslée de gueules.* — Selon d'Hozier : *d'argent à trois bandes d'azur à un lion de sable brochant sur le tout, à la bordure engreslée de gueules.*

# DOMPMARTIN

*Au Bailliage de Vosges.*

Baron de Fontenoy.

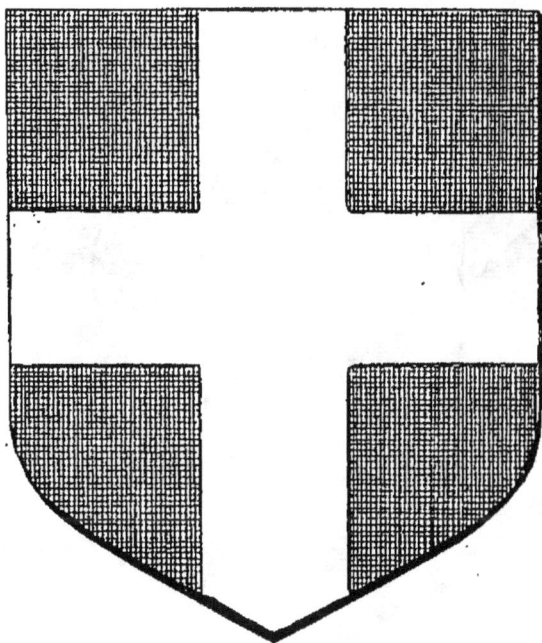

Porte : *de sable à la croix d'argent.*

# MARCOUSSEY ou MARCOUSSY

*Originaire de Savoye.*

Sieur de Dompmartin, — comte de Marcossey; sieur de Going, Essey et Passavant.

Porte : *d'azur au levrier rampant d'argent, accolé de gueules, cloué et bouclé d'or.*

# SAVIGNY

*Dans le Bailliage de Vosges.*

Sieur de Leymont, de Ferrières et des Roches.

Porte : *de gueules à trois lions d'or.*

# LE RHINGRAFF

Prince de Salm, comte de Daun et Kerbourg, sieur de
Fenestranges.

Porte : *d'or au lion de gueules armé, lampassé et couronné
d'azur ; écartelé de sable au léopard lionné d'argent ; sur le
tout de Salm coupé soutenu de Fenestranges, party de gueules à
trois lions d'or.*

# CUSTINES

*Originaire du pays de Liége.*

Sieur de Villy, de Coms, d'Afflances.

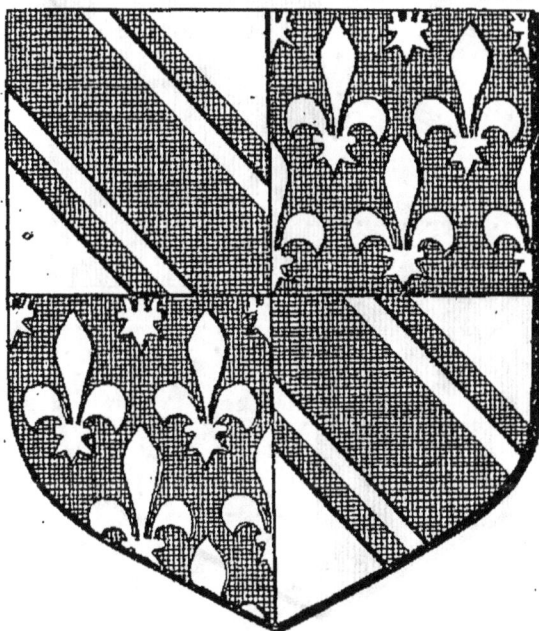

Porte : *d'argent à la bande coticée de sable ; écartelé de même semé de fleurs de lys d'argent.*

# BOUTHILLIER DE SENLIS

*Originaire de France.*

Sieur de Montoy, de Vigneulle.

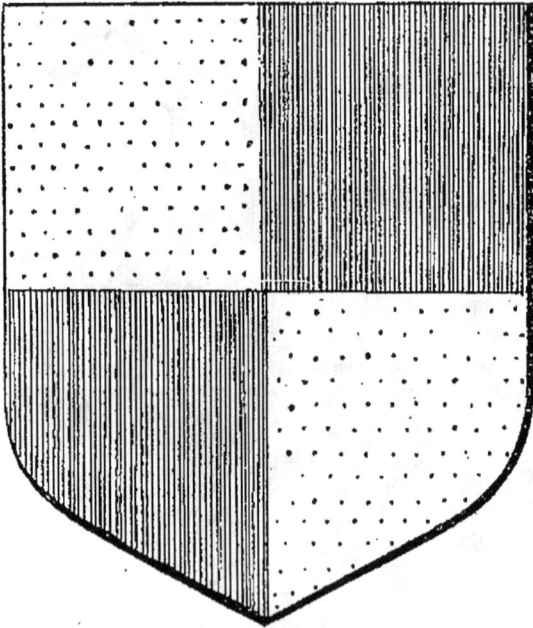

Porte : *d'or écartelé de gueules.*

## DE GORCY ou GOURCY

*Fief de la Tour devant Vuerton, arrière-fief de Longwy.*

Sieur de Saint-Remy et de Cosne ; — sieur de Gommery,
seigneur de Longuien.

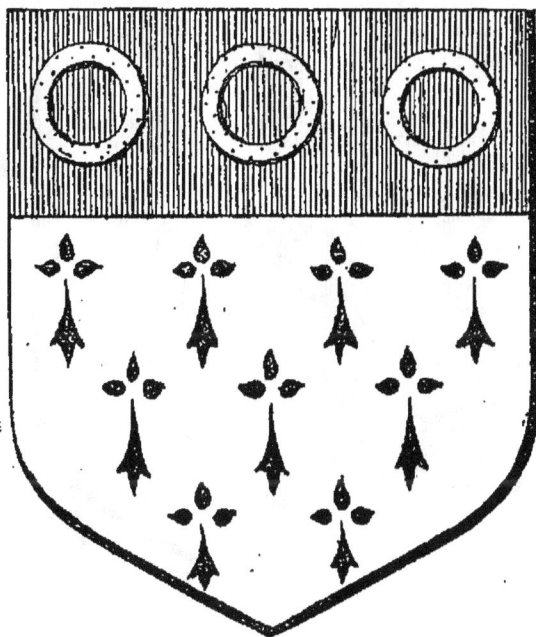

Porte : *d hermines 4. 3. 2, au chef de gueules chargé de
trois annelets d'or.* Alias : *au chef aussi d'argent paré de trois
annelets de gueules.* – D'Hozier donne deux autres variantes.

# LENDRES

*Sous la Châtellenie de Briey.*

Sieur de Tichemont

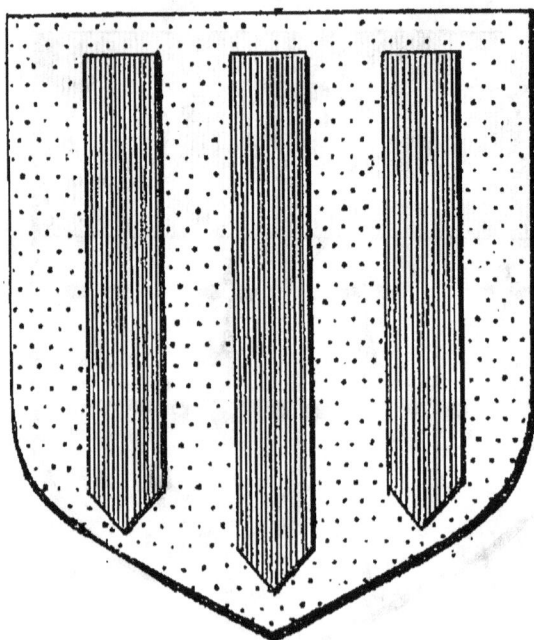

Porte : *d'or à trois pals de gueules.*

# DU HOUX

*Sous le bailliage de Vosges.*

Sieur de Viomenil; — de Gorhey, de Dombasle.

Porte : *d'azur à trois bandes d'argent accompagnées de quatre billettes d'or posées une à chaque bande.* — D'Hozier indique deux variantes.

# DE MYON

Sieur de Coussey et de Combervaulx.

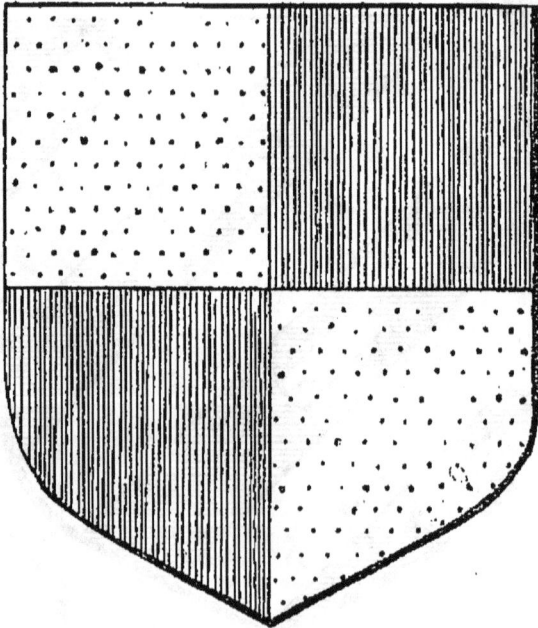

Porte : *d'or écartelé de gueules.*

# DU HAUTOY

*Originaire de Luxembourg.*

Sieur de Netancourt, de Nubescourt ; — sieur de Luzy et
de Ville en Vuepvre.

Porte : *d'argent au lion de gueules armé, lampassé et couronné
d'or, la queue fourchue.*

# LA RUELLE

*Originaire du Verdunois.*

Sieur de Grand-Failly et Fromerville; — sieur des Bans de Pintheville et Riauville.

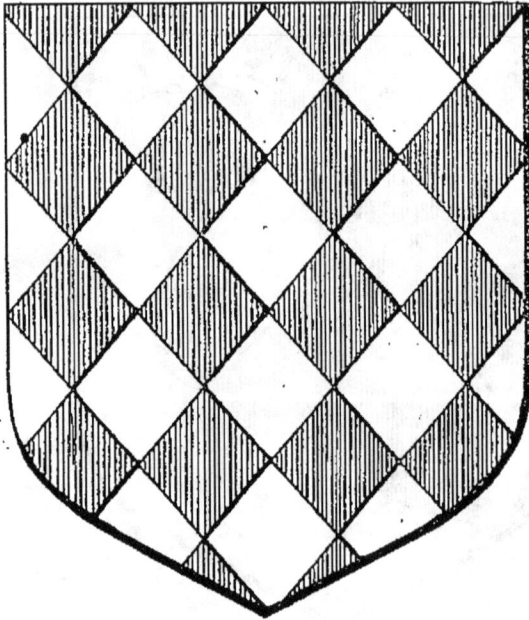

Porte : *lozangé d'argent et de gueules.*

# DES SAINTIGNONS

*Originaire du Verdunois.*

Porte : *de gueules à trois tours d'or.*

# DE ROUCY

*Originaire de Lorraine.*

Comte de Roucy ; — sieur de Termes et de Marne. Son nom primitif étoit du Bos.

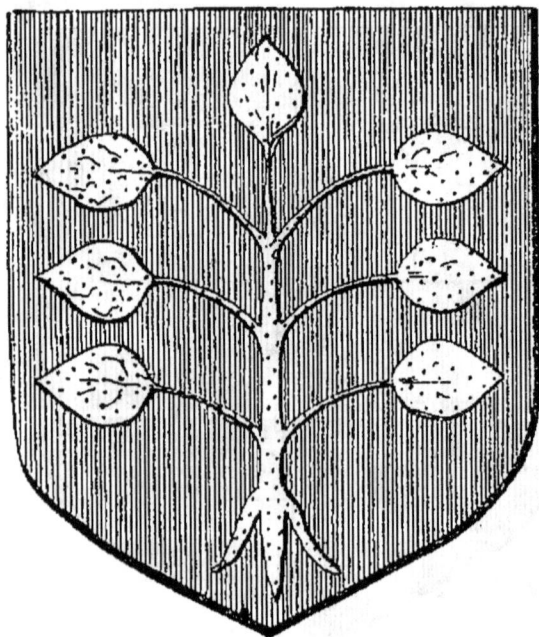

Porte : *de gueules à un choulx d'or.*

# DES ANCHERINS

*Originaire du Verdunois.*

Une des premières maisons de la ville de Verdun, et qui lui a donné plusieurs maîtres échevins.

Porte : *de gueules à une tour et demye d'or ; party de gueules à une demie teste de cerf d'or.*

# RARÉCOURT

*Sous le bailliage de Vitry en Partois.*

De la Vallée, autrement de Rarécourt, sieur de Ville sur Cousance; sieur de la Vallée, dont les marquis de Pimodan.

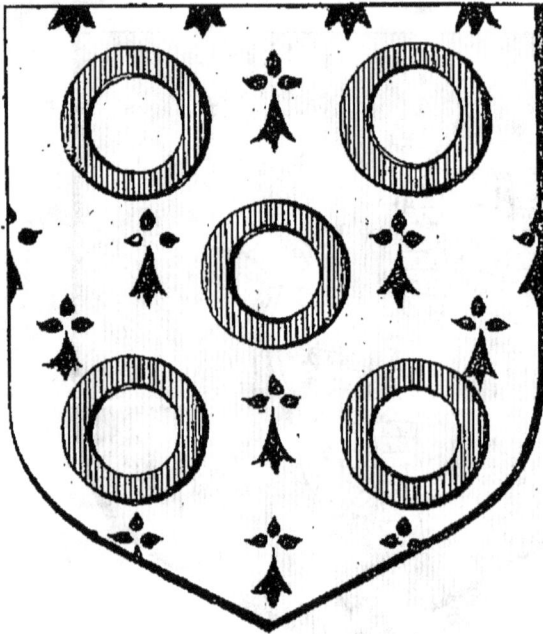

Porte : *d'hermines à cinq annelets de gueules posés en sautoir.* — Alias : *d'argent à cinq annelets de gueules posés en sautoir, accompagnés de quatre mouchetures d'hermines de sable.*

# DU BUCHET

*Originaire des confins du pays de Liége.*

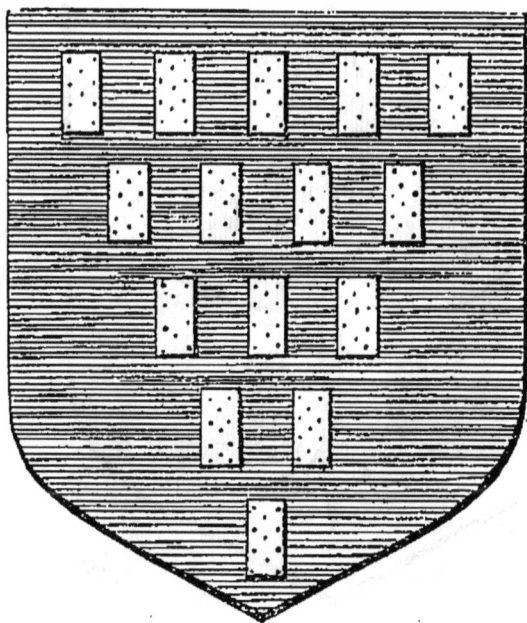

Porte : *d'azur à quinze billettes d'or,* 5. 4. 3. 2. 1.

# FAILLY

*Dans le Barrois non mouvant, sous la châtellenie de Stenay.*

Porte : *d'argent à un rameau de trois feuilles de gueules, accompagné de deux merlettes affrontées de sable.* — D'autres de ce nom portent *un choux simple.* — D'autres *trois maillets.*

# GERMINY

*Sous le bailliage de Saint-Mihiel.*

Maison fort ancienne de Nom et d'Armes qui a jeté plusieurs branches.

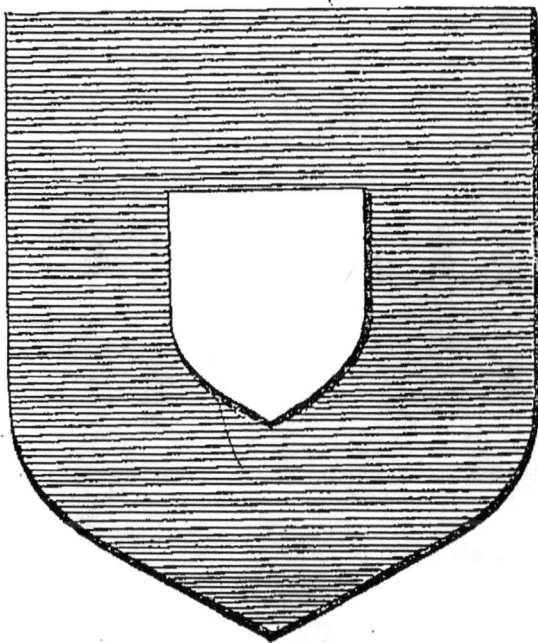

Porte : *d'azur à un écusson d'argent.*

# ORIOCOURT

*Fief relevant du marquisat de Pont-à-Mousson.*

Porte : *de gueules à quatre pals de vair, au chef d'or paré*
*d'un lion léopardé de gueules.*

# LA TOUR

Sieur de Puxe; — sieur d'Affleville et de Jeandelise.

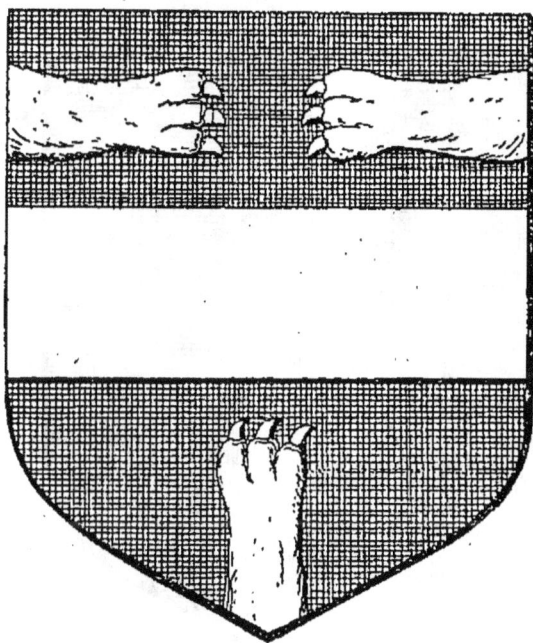

Porte : *de sable à une fasce d'argent accompagnée de trois pattes de lion de même, deux en chef contreonglées, et l'autre contournée, mouvante de la pointe.*

# DE SAINT-BAUSSANT

*Au bailliage de Saint-Mihiel sous Bouconville.*

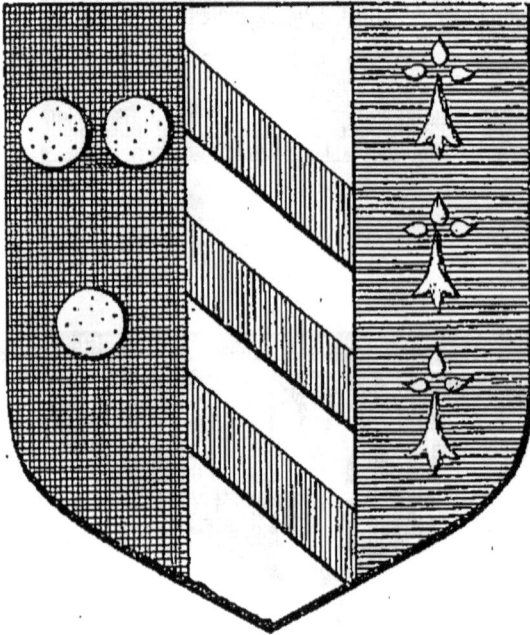

Porte : *tiercé en pal, au 1 de sable à trois besans d'or, deux en chef et un en pointe ; au 2 d'argent à trois bandes de gueules ; au 3 d'azur à trois hermines d'argent.*

# BAFFROMONT ou BEFFROIMONT
## ou BEAUFREMONT

*Baronie en Lorraine, ressort de Fou.*

Dit de Ruppes ; — sieur de Charny ; — sieur de Soy et de Trichastel.

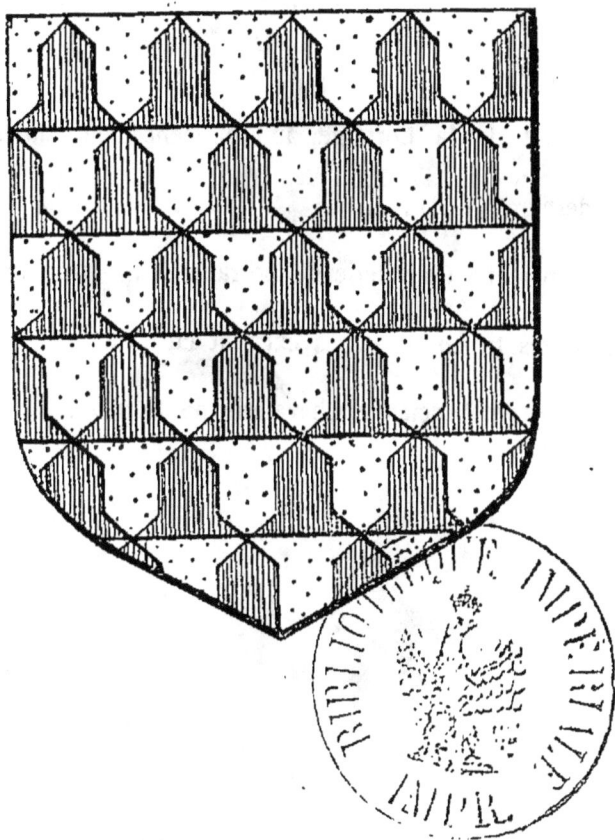

Porte : *vairé contre-vairé d'or et de gueules.*

# TABLE DES MATIÈRES

3192 — Paris, imp. de Ch. Jouaust, rue Saint-Honoré, 338.

# BIBLIOTHÈQUE

# HÉRALDIQUE

PUBLIÉE

PAR M. V. BOUTON

Peintre héraldique.

———

## PROSPECTUS

En demandant au public la permission de reproduire sous ses yeux l'image, le drapeau, le souvenir des générations qui forment le passé de la grande patrie française, nous avons besoin d'indulgence et nous ne demandons qu'un peu d'attention.

Notre but est de former une Collection Nobiliaire ou plutôt Héraldique. Ce n'est pas seulement une table de personnages ou de familles, mais une collection de gravures, d'Armoiries recueillies partout, dont nous voulons faire un Répertoire complet.

N'est-il pas nécessaire, en effet, de mettre dans toutes les mains des gens lettrés, des amateurs et des artistes industriels, les sources de la Science héraldique ? — Les volumes publiés depuis le commencement de ce siècle sur la Noblesse et le Blason n'ont aucune autorité; ils ont été arrangés par la fantaisie; ils manquent d'exactitude dans les détails; ils sont suspects de complaisance, ils sont entachés de fraude. Or, pour que la Loi de 1858 sur les Titres nobiliaires puisse être observée avec conscience et clairvoyance, il faut que le moindre Notaire possède au fond de son canton les armoriaux historiques, comme Palliot, Du Buisson, le Père Sylvestre, et les divers recueils de nos provinces, réimprimés avec leurs figures, afin de se rendre compte des alliances comme de l'origine des familles à l'aide des blasons.

Mais, pour que le succès soit possible, il faut que ces réimpressions ne soient pas altérées et soient d'un prix modique; il faut que ces volumes rares gardent leur caractère d'authenticité dans leur nouvelle enveloppe, et que pas un seul mot ne soit changé.

Outre les ouvrages rares, il en est d'inédits qui font autorité, comme d'Hozier et les recensements officiels du siècle dernier. Nous en reproduirons ce que nous pourrons, et notre Collection s'enrichira aussi de Mémoires inédits : nous avons voulu montrer ce que nous voulions publier en ce genre en empruntant à la fameuse collection de Lorraine, que possède la Bibliothèque Impériale de France, quelques Fragments suivis d'armoiries, relatifs à la Lorraine.

Notre intention est de consacrer à chaque province trois volumes au moins; chaque volume contiendra de soixante à trois cents blasons, au prix de cinq à huit francs le volume.

Nous mettons sous presse, pour paraître le 15 avril, un second volume sur la Lorraine, intitulé : *Recueil des Armes et Blasons de toutes les Maisons Nobles et anciennes du Duché de Lorraine, recherchées et gravées par le sieur Callot, Roy d'Armes de Lorraine.* — Pour cette province, nous publierons encore : *Le Simple Crayon utile et*

curieux de la Noblesse des Duchés de Lorraine et de Bar, et des Eve-
chez de Metz, Toul et Verdun, par Mathieu Husson l'Escossois.

Viendront ensuite : L'Armorial d'Auvergne, Bourbonnais et Foretz,
avec les cris d'armes ; — Le Recueil des Titres, qualités, blasons et
armes des Seigneurs Barons des États généraux de la province de Lan-
guedoc ; nous promettant de faire pour chaque province le choix le
plus pur d'ouvrages accrédités.

Une œuvre que nous nous empresserons de reproduire aussi
avant la fin de cette année, c'est L'Armorial des principales Maisons et Familles du Royaume, par Du Buisson. Les deux volumes de
cet auteur coûtent aujourd'hui 100 francs : nous les réimprime-
rons au prix de 20 francs.

Nous espérons, avec l'aide du public, donner une traduction de
Tesseræ gentilitiæ a Silvestro Petra Sancta Romano, etc.; ainsi qu'une
édition nouvelle et annotée de la Vraie et parfaite science des armoiries, par Palliot.

Enfin, pour que cette Collection renferme ce qu'il y a de plus
curieux et de plus important dans la Science héraldique, nous
reproduirons L'Armorial de l'Empire français, publié par Henri
Simon en 1812, le seul ouvrage contemporain qui puisse et doive
être consulté; de sorte que l'ensemble de notre collection com-
prendra :

LA FLEUR DE L'ARISTOCRATIE EUROPÉENNE,

véritable titre sous lequel nous pouvons l'annoncer.

*Le premier volume est en vente.*

DE

# L'ANCIENNE CHEVALERIE

## DE LORRAINE

Documents inédits, tirés de la collection de Lorraine,
à la Bibliothèque Impériale, accompagnés
de 60 blasons.

Un volume in-18, format Charpentier, prix. . . . . . . 5 fr.

---

Il paraîtra un volume toutes les six semaines.

---

*Toutes les notes et demandes doivent être adressées franco :*

*A M. V. BOUTON, peintre héraldique,*

*rue de Paris, nº 21, à Belleville-Paris*

---

1333 — Paris, imp. de Ch. Jouaust, rue Saint-Honoré, 338.

# BIBLIOTHÈQUE

# HÉRALDIQUE

PUBLIÉE

## PAR M. V. BOUTON

Peintre héraldique.

---

# PROSPECTUS

En demandant au public la permission de reproduire sous ses yeux l'image, le drapeau, le souvenir des générations qui forment le passé de la grande patrie française, nous avons besoin d'indulgence et nous ne demandons qu'un peu d'attention.

Notre but est de former une Collection Nobiliaire ou plutôt Héraldique. Ce n'est pas seulement une table de personnages ou de familles, mais une collection de gravures, d'Armoiries recueillies partout, dont nous voulons faire un Répertoire complet.

N'est-il pas nécessaire, en effet, de mettre dans toutes les mains des gens lettrés, des amateurs et des artistes industriels, les sources de la Science héraldique ? — Les volumes publiés depuis le commencement de ce siècle sur la Noblesse et le Blason n'ont aucune autorité ; ils ont été arrangés par la fantaisie ; ils manquent d'exactitude dans les détails ; ils sont suspects de complaisance, ils sont entachés de fraude. Or, pour que la Loi de 1858 sur les Titres nobiliaires puisse être observée avec conscience et clairvoyance, il faut que le moindre Notaire possède au fond de son canton les armoriaux historiques, comme Palliot, Du Buisson, le Père Sylvestre, et les divers recueils de nos provinces, réimprimés avec leurs figures, afin de se rendre compte des alliances comme de l'origine des familles à l'aide des blasons.

Mais, pour que le succès soit possible, il faut que ces réimpressions ne soient pas altérées et soient d'un prix modique ; il faut que ces volumes rares gardent leur caractère d'authenticité dans leur nouvelle enveloppe, et que pas un seul mot ne soit changé.

Outre les ouvrages rares, il en est d'inédits qui font autorité, comme d'Hozier et les recensements officiels du siècle dernier. Nous en reproduirons ce que nous pourrons, et notre Collection s'enrichira aussi de Mémoires inédits : nous avons voulu montrer ce que nous voulions publier en ce genre en empruntant à la fameuse collection de Lorraine, que possède la Bibliothèque Impériale de France, quelques Fragments suivis d'armoiries, relatifs à la Lorraine.

Notre intention est de consacrer à chaque province trois volumes au moins ; chaque volume contiendra de soixante à trois cents blasons, au prix de cinq à huit francs le volume.

Nous mettons sous presse, pour paraître le 15 avril, un second volume sur la Lorraine, intitulé : *Recueil des Armes et Blasons de toutes les Maisons Nobles et anciennes du Duché de Lorraine, recherchées et gravées par le sieur Callot, Roy d'Armes de Lorraine.* — Pour cette province, nous publierons encore : *Le Simple Crayon utile et curieux de la Noblesse des Duchés de Lorraine et de Bar, et des Eve-chez de Metz, Toul et Verdun*, par Mathieu Husson l'Escossois.

Viendront ensuite : *L'Armorial d'Auvergne, Bourbonnais et Foretz, avec les cris d'armes; — Le Recueil des Titres, qualités, blasons et armes des Seigneurs Barons des États généraux de la province de Lan-guedoc;* nous promettant de faire pour chaque province le choix le plus pur d'ouvrages accrédités.

Une œuvre que nous nous empresserons de reproduire aussi avant la fin de cette année, c'est *L'Armorial des principales Mai-sons et Familles du Royaume, par Du Buisson.* Les deux volumes de cet auteur coûtent aujourd'hui 100 francs : nous les réimprime-rons au prix de 20 francs.

Nous espérons, avec l'aide du public, donner une traduction de *Tesseræ gentilitiæ a Silvestro Petra Sancta Romano,* etc.; ainsi qu'une édition nouvelle et annotée de la *Vraie et parfaite science des ar-moiries, par Palliot.*

Enfin, pour que cette Collection renferme ce qu'il y a de plus curieux et de plus important dans la Science héraldique, nous reproduirons *L'Armorial de l'Empire français, publié par Henri Simon* en 1812, le seul ouvrage contemporain qui puisse et doive être consulté; de sorte que l'ensemble de notre collection com-prendra :

LA FLEUR DE L'ARISTOCRATIE EUROPÉENNE,

véritable titre sous lequel nous pouvons l'annoncer.

*Le premier volume est en vente.*

DE

# L'ANCIENNE CHEVALERIE

## DE LORRAINE

Documents inédits, tirés de la collection de Lorraine,
à la Bibliothèque Impériale, accompagnés
de 60 blasons.

Un volume in-18, format Charpentier, prix. . . . . . .   5 fr.

———

Il paraîtra un volume toutes les six semaines.

———

*Toutes les notes et demandes doivent être adressées franco :*

*A M. V. BOUTON, peintre héraldique,*

*rue de Paris, n° 21, à Belleville-Paris.*

2333 — Paris, imp. de Ch. Jouaust, rue Saint-Honoré, 338.

www.ingramcontent.com/pod-product-compliance
Lightning Source LLC
Chambersburg PA
CBHW052032270326
41931CB00012B/2460